Gartenglück auf kleinem Raum

Thomasina Tarling

Gartenglück auf kleinem Raum

Zauberhafte Ideen
für Vorgärten, Innenhöfe und Dachgärten

Die Deutsche Bibliothek – CIP-Einheitsaufnahme

Tarling Thomasina:
Gartenglück auf kleinem Raum : zauberhafte
Ideen für Vorgärten, Innenhöfe und Dachgärten /
Thomasina Tarling. [Zeichn.: Liz Pepperell.
Übers.: Franca Fritz/Heinrich Koop]. –
München ; Wien; Zürich : BLV, 1996
  Einheitssacht.: Truly tiny gardens <dt.>
  ISBN 3-405-14943-6

BLV Verlagsgesellschaft mbH
München Wien Zürich
80797 München

Titel der englischen Originalausgabe:
Truly tiny Gardens
Erschienen 1995 bei Conran Octopus Limited
37 Shelton Street, London WC2H 9HN
Text © Thomasina Tarling 1995
Gestaltung und Layout:
© Conran Octopus Limited 1995

Deutschsprachige Ausgabe:
© 1996 BLV Verlagsgesellschaft mbH, München

Zeichnungen: Liz Pepperell
Übersetzung: Franca Fritz/Heinrich Koop
Lektorat: Barbara Kiesewetter
Satz + DTP: BLV
Einbandgestaltung: Studio Schübel, München
Einbandfoto vorn: Jerry Harpur
Einbandfoto hinten: Marianne Majerus

Printed in Hong Kong · ISBN 3-405-14943-6

Seite 2: Dieser Garten mit Fatsia japonica,
Clematis armandii *und* Actinidia kolomikta
*an beiden Mauern erhält durch die Buchs-
Einfassungen eine klare Struktur*

*Seite 4: In der heimeligen Gartenecke mit
der eleganten Jardinière gedeihen* Euphobia
mellifera, Heuchera *'Palace Purple' zusammen mit verschiedenen* Hosta-*Arten und
Strauchmargeriten.*

Inhalt

6   Einleitung

9   Der Kampf gegen Feuchtigkeit
und Schatten

17   Optische Täuschungen
und Illusionen

27   Schmuck für den Ziergarten

37   Der Eingang

47   Durchgänge und Passagen

55   Souterraingärten

65   Hinterhofgärten

75   Dachgärten

82   Die Pflege des Ziergartens

86   Pflanzenverzeichnis

94   Register

Einleitung

Besonders kleine Flächen bedürfen einer außergewöhnlich guten räumlichen Vorstellungskraft. Der Garten »auf der Stirn einer Katze« - wie es in einem japanischen Sprichwort lautet - stellt eine große Herausforderung dar und verlangt wesentlich mehr Erfahrung und Planung als jede andere Form der ´Gartenkunst. Trotzdem sollten Sie beim Anblick eines handtuchgroßen Gartens nicht verzagen, sondern dem beschränkten Platz mit originellen Lösungen begegnen, die eine vernachlässigte Fläche in einen perfekten Miniaturgarten verwandeln oder mit denen sich einfach wunderschöne Ausblicke auf einen zwar nicht begehbaren, aber nichtsdestotrotz zauberhaften Ziergarten schaffen lassen.

Gerade die Herausforderung, die ein solcher Garten darstellt, und das Gefühl der Befriedigung, wenn eine gelungene Pflanzenkomposition entsteht, machen diesen Gartentyp zu einem besonderen Vergnügen. Denn selbst der schlichteste Eingangsbereich hat Platz für ein oder zwei Kübel, und auch das Dach bietet ungeahnte Möglichkeiten zur Begrünung. Im Grunde läßt sich jede Fläche, von der aus der Himmel zu sehen ist, in einen Garten verwandeln: Falls Sie von Ihrem Fenster auf eine hohe Mauer blicken, könnte diese zumindest bepflanzt werden, wobei man zu dunkle Ecken mit Spiegeln und weißer Farbe aufhellen kann. Und wenn nur eine Fensterbank zur Verfügung steht, lassen sich auch hier viele Pflanzen ziehen.

Eine der wichtigsten Voraussetzungen bei der Planung eines solch winzigen Gartens ist die konsequente Auswahl der Pflanzen. Bei einer gemischten Bepflanzung sollten Sie alle vier Jahreszeiten berücksichtigen. Auch wenn Sie sich im Winter sicherlich nur selten nach draußen in den Garten wagen, empfiehlt es sich, eine Pflanzenkombination oder Gestaltungselemente zu wählen, die das ganze Jahr über gut zur Geltung kommen und für farbenfrohe Frühlings- und Sommerblumen einen attraktiven Hintergrund bilden. Große Spiegel, die das Licht einfangen und daher im Winter für dunkle Hinterhöfe von unschätzbarem Wert sind, können im Sommer hinter üppigem Blattwerk verschwinden, während stilvolle, aber streng wirkende Formbäumchen und Spaliersträucher von farbenprächtigen Kletterpflanzen überwuchert werden. Darüber hinaus muß jede Pflanze über mehrere Monate hinweg einen attraktiven Anblick bieten; allzu vergängliche Blüten sollte man erst gar nicht anpflanzen, da jeder kostbare Zentimeter schließlich sinnvoll genutzt werden will. Flüchtige Schönheiten wie Päonien, Blaukissen und Zierkirsche (*Prunus*) eignen sich nicht für den winzigen Garten. Am besten betrachten Sie jede Ihnen unbekannte Pflanze mit den kritischen Augen eines potentiellen Arbeitgebers oder einer zukünftigen Schwiegermutter. Welche Pflanze käme auch noch in Frage; ist das Blattwerk dekorativ; wie lange dauert die Blütezeit; paßt die »Neue« zu den anderen, bereits gepflanzten Gewächsen? Große Gärten bieten genügend Raum für kurze, aber wirkungsvolle Auftritte »floraler Diven«, die ihren Kolleginnen an der Oper mit ihren prunkvollen Kostümen in nichts nachstehen. Dagegen verlangen kleine Gärten eine Bepflanzung mit mehr Stehvermögen, sozusagen einen »Evergreen«.

Dennoch stehen auch innerhalb der offensichtlichen Beschränkungen eines solchen Gartens genügend Pflanzen zur Auswahl. So lassen sich beispielsweise ornamentale Urnen, Blumenkästen und Ampelgefäße beinahe wie Blumenvasen einsetzen, deren Bepflanzung nach der Blütezeit ausgetauscht wird. Der große Vorteil dieser »jahreszeitlichen Augenweiden« liegt in ihrer Vielseitigkeit und Flexibilität.

Heutzutage darf sich jede noch so kleine Fläche Garten nennen, und häufig werden Ecken, die nicht größer als ein Eßzimmertisch sind, vollmundig als »Landschaftsanlage« angepriesen. Aber statt sich über die geringe Größe oder die unangenehme Lage zu beklagen, erhalten die Besitzer eines solchen Gärtchens einen vollwertigen Garten auf winzigem Raum, dessen Erlesenheit auf einem größeren Gelände unmöglich erreicht werden könnte. Und in unserer heutigen Gesellschaft mit ihrem hektischen Lebensstil ist die Formel »Klein, aber fein« nicht länger eine Phrase, sondern ein erstrebenswertes und erreichbares Ideal.

Links: Durch die vertikale und horizontale Bepflanzung wirkt selbst die kleinste Ecke dieses winzigen Hofes noch interessant - und es bleibt genügend Platz für einen kleinen Tisch.

Rechts: Die kühle Eleganz dieser spiralförmig geschnittenen Buchsbäumchen wird von den üppigen Sommerblüten am Rande des Ziegelsteinpfades ausgeglichen.

Kapitel 1

Der Kampf gegen Feuchtigkeit und Schatten

Wir alle kennen den Anblick einer unansehnlichen Ecke (etwa im Souterrain), die von einem großen Baum oder hohen Nachbargebäude beschattet wird und düster, naßkalt und ausgesprochen deprimierend wirkt. Mit ihrem briefmarkengroßen Ausblick auf den Himmel lädt sie nur die streunenden Kater der Umgebung zu einem nächtlichen Ständchen ein. Aber bevor man überlegt, wie sich solch eine Fläche optisch verbessern läßt, muß man zunächst einmal mit einem kräftigen Besen, zahlreichen Müllsäcken und den ältesten Kleidern ausgestattet an die Arbeit gehen und die Ecke gründlich reinigen. Vernachlässigte Bereiche ziehen zwangsläufig Schmutz an, und verrottetes Laub, glitschige Steine und von Schnecken heimgesuchte Winkel werden Sie kaum zu gärtnerischen Höchstleistungen inspirieren. Sobald die Ecke aufgeräumt und gesäubert ist, sollten Sie den Lichteinfall sorgfältig einschätzen, da er bestimmt, wie Sie Ihren zukünftigen Garten gestalten können. Als nächstes erwägen Sie die unterschiedlichen Möglichkeiten: Könnte man Blumenampeln an Haken aufhängen, die am Mauerwerk befestigt werden? Ließe sich ein Trog oder - falls das Licht für eine Bepflanzung nicht ausreicht - ein Brunnen an einer Wand installie-

Oben: *Die Atmosphäre dieser schattigen Ecke wird durch Dekorobjekte wie die ungewöhnliche Sonnenmaske an der Mauer und den mit Funkien gefüllten Kübel noch intensiviert.*

Links: *Das dichte, schattenliebende Blattwerk mit den dazwischen hervorlugenden farbenfrohen Blüten verdeckt die hölzerne Gartenpforte und erzeugt den Eindruck einer dahinterliegenden größeren Gartenanlage.*

ren? Oder könnte eine bereits vorhandene Statue oder Skulptur als Blickfang dienen? Ließe sich eine Wand mit einem darauf gemalten, sogenannten *trompe l'œil*-Fenster oder einer ländlichen Szene gestalten? Wie käme ein maurisch anmutendes Mosaik oder ein klassisches Portal mit Säulen zur Geltung? Wenn Ihnen selbst die nötigen Kenntnisse und Fähigkeiten fehlen, könnten Sie sich auch an die nächstgelegene Kunsthochschule wenden; möglicherweise ist einer der Studenten gegen einen kleinen Obulus bereit, Ihre Ideen in die Tat umzusetzen? Manchmal lassen sich auch objets trouvés (siehe Seite 30) - die elegante Bezeichnung für Schrott - in einer »Gartenlandschaft« wiederverwerten: Schornsteinkappen beispielsweise ergeben wunderschöne hohe Gefäße, und die gußeisernen Trichter viktorianischer Regenrohre verwandeln sich in attraktive Wandurnen.

Sobald Sie Ausmaß und Gestalt Ihrer Verbesserungsmaßnahmen beschlossen haben, sollten Sie eine möglichst große Fläche der vom Fenster aus sichtbaren Wand streichen. Einige Gärtner bevorzugen zwar nackte, ungekälkte Wände, insbesondere bei altem Ziegelmauerwerk, aber meines Erachtens hat die höhere Lichtausbeute weißer Wände hier

Vorrang, und außerdem heben sich grüne Blätter von einem solchen hellen Hintergrund am besten ab. Auch ein zartes, sonniges Gelb oder sogar ein kräftigeres Anilingelb kommen hier gut zur Geltung.

Die Wahl der Pflanzen

Falls der Boden Ihres zukünftigen Gartens von Wand zu Wand mit Beton ausgegossen ist und Ihnen die Vorstellung, den Beton aufzustemmen und den Schuttberg abzutransportieren, nicht behagt, verwenden Sie am besten die größten Tröge oder Kübel, die Sie sich sowohl in finanzieller als auch in räumlicher Hinsicht leisten können. Manchmal lassen sich auch Drainagelöcher in den Beton bohren, so daß Sie mit Steinen oder Ziegelsteinen erhöhte Beete anlegen können. Aber achten Sie unbedingt auf eine dicke Schicht Drainagematerial, bevor Sie das Beet mit Blumenerde füllen. Dann fühlen sich Ihre Pflanzen wohler,

und außerdem entsteht eine zweite, unterschiedlich hohe Etage in ihrem Garten.

Sollte es sich bei dem Boden jedoch um die nackte Erde handeln, ohne betonierte oder gepflasterte Bereiche, empfiehlt es sich, die Bodenqualität durch größere Mengen Stallmist, Torfersatz, Pilzsubstrat oder andere natürliche Dünger zu verbessern und die Mauern mit Kletterpflanzen oder Spaliersträuchern zu versehen. Dazu müssen Sie Spaliere oder mehrere quer über die Wand verlaufende Drähte anbringen - es sei denn, Sie verwenden Kletterpflanzen, die keine Kletterhilfe benötigen wie etwa Efeu (*Hedera*), Jungfernrebe (*Parthenocissus quinquefolia*), Kletterhortensie (*Hydrangea petiolaris*), *Schizophragma hydrangeoides* oder *Pileostegia viburnoides*. Aber auch andere Kletterpflanzen und Spaliersträucher - beispielsweise Zierquitte (*Choenomeles*), Winterjasmin (*Jasminum nudiflorum*), Feuerdorn (*Pyracantha*), verschiedene Geißblattarten (*Lonicera x brownii* 'Dropmore Scarlet', *L. x tellmanniana* und *L. tragophylla*) - begnügen sich mit wenig Licht. Sie könnten aber auch Jungfernrebe (*Parthenocissus henryana*), Weinrebe (*Vitis coignetiae*), *Kerria japonica* 'Pleniflora' sowie *Akebia quinata* anpflanzen.

Das »Gerüst« eines schattigen Gartens bilden Grünpflanzen, insbesondere immergrüne Pflanzen, die das ganze Jahr einen hübschen Anblick bieten und mit zusätzlichen Blütenpflanzen aufgelockert werden. Die folgenden Pflanzen vertragen die unterschiedlichsten Helligkeitsgrade bis hin zu tiefem Schatten: *Fatsia japonica*, *Aucuba japonica*, Buchsbaum (*Buxus sempervirens*), Kamelie (*Camellia*), Lorbeerseidelbast (*Daphne laureola*), Ölweide (*Elaeagnus*), Spindelstrauch (*Euonymus fortunei*), Scheinbeere (*Gaultheria*), Stechpalme (*Ilex*), Mahonie (*Mahonia*), Geißblatt (*Lonicera nitida*), Lorbeerkirsche (*Prunus laurocerasus* und *P. lusitanica*), winterharte Rhododendron-Hybriden, *Sarcococca*, *Skimmia*, Schneeball (*Viburnum acerifolium* und *V. davidii*) sowie Immergrün (*Vinca*), Zwergbambus (*Sasa*), Eibe (*Taxus*) und viele Bambusarten (*Arundinaria* und *Phyllostachys*). Aber auch andere, hauptsächlich krautartige Pflanzen wie Anemone, *Bergenien*, Silberkerze (*Cimicifuga*), *Dicentra*, Elfenblume (*Epimedium*), Nieswurz (*Helleborus*) und Funkie (*Hosta*) vertragen Schatten und erfreuen durch ihre interessanten Blüten. Und selbstverständlich eignen sich auch *Iris foetidissima*, Taubnessel (*Lamium*), Falsche Alraunwurzel (*Tellima*), Knöterich (*Polygonum*), Lungenkraut (*Pulmonaria*) sowie eine Fülle winterharter Farne als Bepflanzung.

Behälter und Gefäße

Bei der Planung eines schwierigen Gartens sollten Sie die Dimension der Mauern einbeziehen. Läßt sich die große kahle Wand mit Blumenkästen oder Trögen gestalten, die vielleicht gruppen- oder stufenweise arrangiert werden? Wenn Sie aus mehreren Fenstern in unterschiedlichen Etagen auf diese Wand schauen, können Sie die Kästen jeweils direkt gegenüber der Fenster anbringen. Falls die Mauer zum Nachbargebäude gehört, benötigen Sie natürlich die Zustimmung Ihres Nachbarn. Und möglicherweise brauchen Sie für die Ampelgefäße und Blumenkästen professionelle Hilfe bei der Installation sowie eine spezielle Bewässerungsanlage (in Form einer ausziehbaren Stange, die an einem Gartenschlauch befestigt ist). Bei den Pflanzen sollten Sie Wert auf eine dauerhafte und pflegeleichte Kombination legen. Falls Ihr Nachbar seine Zustimmung verweigert, können Sie Ihre Bepflanzung auf einige Kübel am Fuß der Mauer beschränken.

Eventuelle Stufen zum Souterrain lassen sich - je nach Breite - als Stellfläche für Blumentöpfe verwenden, oder man befestigt die Töpfe oder Tröge mit Hilfe von Wandhaken an den Seiten. Sie können aber auch eine Kletterpflanze an den Fuß der Stufen setzen, damit sie am Geländer nach oben rankt und dort vielleicht auf eine rankende Pflanze stößt.

Links: Eine von Efeu (Hedera) und Geißblatt (Lonicera nitida) umrahmte Büste lenkt den Blick in die Tiefe.

Gegenüberliegende Seite: Die Stufen dienen als Stellfläche für die Topfpflanzen, die so mehr Licht bekommen. Das gefleckte Blattwerk hellt die Szenerie zusätzlich auf.

Oben: Ein kleiner Garten muß besonders anziehend wirken, und der Anblick dieser dunklen Ecke wird durch das Spiel von Licht und Schatten sowie durch das dekorative Spalier und das attraktive Pflaster erheblich verbessert.

liche Rohre verdecken, Blumenampeln, Kletter- oder Rankpflanzen unterstützen, eine Tür oder einen Geräteschuppen kaschieren oder sogar zu einem eigenen kleinen Gebäude zusammengestellt werden. Bei der Gestaltung mit diesem vielseitigen und dekorativen Gartenelement sind Ihrer Phantasie keine Grenzen gesetzt.

Auch technisch weniger begabte Menschen können ein einfaches Spalier an der Wand anbringen, während aufwendigere Gitterwerke möglicherweise der professionellen Hilfe eines Schreiners bedürfen. In den Gartencentern finden Sie jedoch zahlreiche gebrauchsfertige, gestrichene Spaliere in einer Vielzahl von Größen und Formen. Ein Spalierbogen mit einem passenden Paar Gefäße, in denen Stechpalmen (*Ilex*) und Fleißiges Lieschen (*Impatiens*) gedeihen, ergibt ein eher formales Arrangement, während die lockere Gruppierung verschiedener Töpfe und Urnen vor einer spaliergitterverzierten Wand - an deren Fuß eine *Akebia quinata* rankt - viel zwangloser wirkt. Schattenliebende Farne vor einem Spalier bieten das ganze Jahr über einen dekorativen Anblick; sie werden schon bald jede Spalte erobern und so eine lebendige Blätterwand bilden.

Licht in den Schatten bringen

Tageslicht oder künstliche Beleuchtung sind das beste Gegenmittel für dunkle Ecken. Falls Sie Ihren Garten auf diese Weise aufhellen möchten, müssen Sie überlegen, welche Beleuchtungskörper Sie verwenden wollen und wo diese angebracht werden. Die eigentliche Installation sollten Sie unbedingt einem Fachmann überlassen, damit alle Sicherheitsbestimmungen gewährleistet sind. Am besten halten Sie sich an die goldene Regel, daß eine Außenbeleuchtung stets diskret aus-

Auch die Dächer von Schuppen und Kesselhäusern, die sich häufig im Souterrain befinden, bieten eine hervorragende Stellfläche für Kübel und Kästen, sofern sie deren Gewicht tragen können. Solch wenig einladende Ecken lassen sich mit einem Kasten, einem Faß oder einem Topf ein wenig verschönern, dessen Efeubepflanzung an einer Pyramiden- oder Zeltform hochrankt und so ein langlebiges, pflegeleichtes und dekoratives Pflanzenarrangement darstellt.

Spaliere und Gitter

Spaliere in allen Formen bieten ein ideales Kontrastprogramm für dunkle und triste Flächen - von weißgestrichenem Gitterwerk vor einer naturbelassenen Mauer bis hin zu blaugrauen, dunkelgrünen oder türkisfarbenen Spalieren vor einer weißen Wand. Diese Gitter können als Bogen geformt sein, mit Spiegeln versehen werden, verwirrende Perspektiven erzeugen, häß-

fallen sollte - wie etwa ein Spotstrahler an einer Wand, dessen Schalter sich in unmittelbarer Nähe Ihres »Aussichtsfensters« befindet und der die schönsten Aspekte Ihres Ziergartens bei Nacht erhellt. Sie können aber auch in die Erde gesteckte Strahler vor Sträuchern oder hinter Kletterpflanzen anbringen oder sie in Töpfen plazieren, damit sie sanft durch das Blattwerk schimmern. Darüber hinaus sind im Handel elegante Außenleuchten für die Wandmontage erhältlich; aber auch Sturmlaternen oder Windlichter mit Kerzen auf einem kleinen Tisch erzeugen ein warmes, behagliches Licht und tragen zu der typischen Stimmung bei, die zu einem Essen im Freien dazugehört.

Pflege und Instandhaltung

Während in großen sonnigen Gärten auch schon einmal etwas liegenbleiben oder auf später vertagt werden kann, verbietet sich ein solch lockere Haltung bei der Gartenarbeit in schattigen Ecken. Das bedeutet natürlich nicht, daß Sie alle Pflanzen rücksichtslos zurückschneiden müssen - denn auch hier ist ein sich ausbreitendes, wogendes, üppiges Blattwerk von größter Bedeutung -, aber die Blätter sollten gesund und kräftig und nicht vernachlässigt aussehen. Zu den wichtigsten Grundregeln bei der Gestaltung dunkler Ecken zählt (unabhängig von der Pflanzenwahl) eine sorgfältige Pflege und Hygiene. Abgestorbene oder abgefallene Blätter müssen regelmäßig entfernt, Schmutz und Unrat gründlich gefegt und staubige Pflanzen mit Wasser und Dünger zur Stärkung des Blattwerks besprüht werden. Falls Ihre Pflanzen nur sehr wenig Licht bekommen und verkümmern, sollten Sie rücksichtslos alles entfernen, was seinen Zenith bereits überschritten hat, und es durch neue oder andere Pflanzen ersetzen.

In solch schwierigen Gärten empfiehlt es sich auch, Schädlinge radikal und regelmäßig zu beseitigen: Gefräßige Kleintiere wie Schnecken können von Hand aufgesammelt werden, und regelmäßiges Besprühen mit Seifenlauge hilft gegen grüne Blattläuse. Falls eine Pflanze dennoch nicht gedeiht oder dem Schädling zum Opfer fällt - sollten Sie sie sofort entfernen, da sie sonst einen Krankheitsherd für die benachbarten Pflanzen bildet. Vielleicht finden Sie im Gartencenter eine resistentere Sorte, die den harten Lebensbedingungen eines schattigen Ziergartens besser gewachsen ist.

Da so mancher Gärtner zur Pflege eines solchen Ziergartens aus dem Fenster klettern oder sich durch einen schmalen Durchgang winden muß, beschränkt man sich diesem Fall am besten auf interessante, aber pflegeleichte Pflanzen. Denn der anfängliche Enthusiasmus schwindet sehr schnell, wenn der Garten einen zu hohen Aufwand fordert. Wenig Pflege benötigen beispielsweise Aralie (*Fatsia japonica*), Stechpalme (*Ilex*), Bambus (*Arundinoria* und *Phyllostachys*), Efeu (*Hedera*) und Aukube (*Aucuba*). Sobald einmal geeignete Pflanzgefäße gefunden und eine regelmäßige Bewässerung gewährleistet ist, können Sie sich entspannt zurücklehnen und sich an dem Ergebnisse Ihrer Bemühungen erfreuen.

Unten: Diese hübschen Hortensien (Hydrangea) bringen Farbe in einen dunklen Hinterhof. Die großen Terrakottatöpfe lenken den Blick auf die höhergelegene Gartenebene.

Ein Wassergarten

Selbst die winzigste Fläche läßt sich mit Wasser gestalten - sei es ein kleiner Brunnen oder eine wasserspeiende Maske in der Wand. Der hier gezeigte frühsommerliche Teich wurde bis auf einen leise plätschernden Springbrunnen und einige dekorative Töpfe nicht verziert. Der speziell für die Verwendung im Freien konzipierte Spiegel sollte etwas größer sein als der Teich und dessen zauberhafte Stimmung zusätzlich unterstreichen.

Befestigung des Spiegels

Befestigen Sie mehrere Holzlatten mit Hilfe von Schrauben an der Ziegelsteinmauer, wobei Sie etwa 23 cm Platz zwischen den Latten lassen und im unteren Bereich dickere Latten verwenden, so daß der Spiegel leicht schräg gestellt werden kann (maximal 2 cm Unterschied zwischen dem Durchmesser der untersten und obersten Latte). Dann schrauben Sie eine Bootsbausperrholzplatte (etwa 2 cm kleiner als der Spiegel) an die Latten und kleben den Spiegel mit einem Spezialklebstoff (Anweisungen des Herstellers beachten) aus dem Glaserhandel auf die Platte. Der Klebstoff muß genügend Zeit zum Aushärten erhalten.

Ausheben der Teichmulde und Verlegen der Folie

Zunächst heben Sie eine 35-40 cm tiefe und etwa 20 cm von der Mauer entfernte Mulde aus, die etwas größer ist als der geplante Teich. Entfernen Sie alle großen Steine und spitzen Gegenstände und glätten Sie die Oberfläche sorgfältig; darauf geben Sie eine etwa 5-8 cm dicke Sand-schicht und bedecken das Ganze mit einer Spezial-Teichfolie, die Sie rundum mit Steinen beschweren. Es lohnt sich durchaus, eine Qualitätsfolie anzuschaffen, da die preiswerteren Folien sich häufig als unzuverlässig erweisen.

Querschnitt des Teichs

Als nächstes installieren Sie eine Niedrig-volt-Wasserpumpe, die den Teich mit Sauerstoff anreichert und für den kleinen Springbrunnen sorgt. Allerdings darf die Pumpe nicht direkt auf dem Boden der Mulde stehen, da sie sonst von Schmutz verstopft wird. Für die Installation des Elektrokabels der Pumpe sollten Sie einen Fachmann rufen, noch bevor die Steinplatten - die das Kabel verdecken und leicht über den Rand des Teiches ragen sollten - locker verlegt werden. (Lassen Sie aber zwei etwa 30 cm x 25 cm große Pflanzecken auf beiden Seiten des Spiegels für die Kronwicke (*Coronilla glauca* 'Variegata') frei.

Pflegearbeiten

• Achten Sie darauf, daß sich der Teich im Herbst nicht mit Blättern füllt und setzen Sie gegebenenfalls sauerstoffproduzierende Pflanzen wie *Lagarosiphon major* und *Myriophyllum* ein, insbesondere wenn Sie Fische halten.

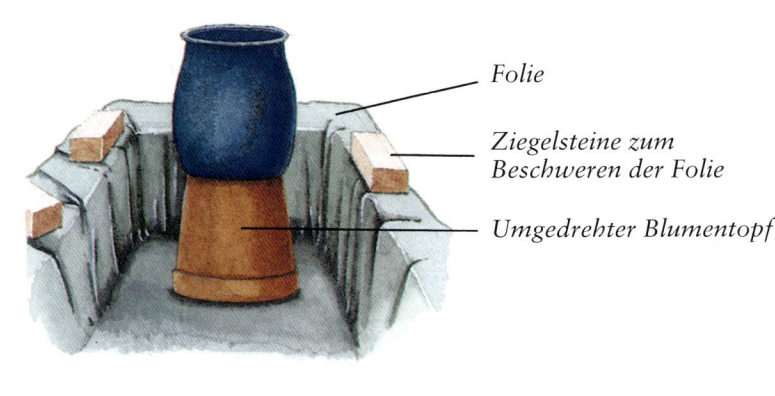

Folie

Ziegelsteine zum Beschweren der Folie

Umgedrehter Blumentopf

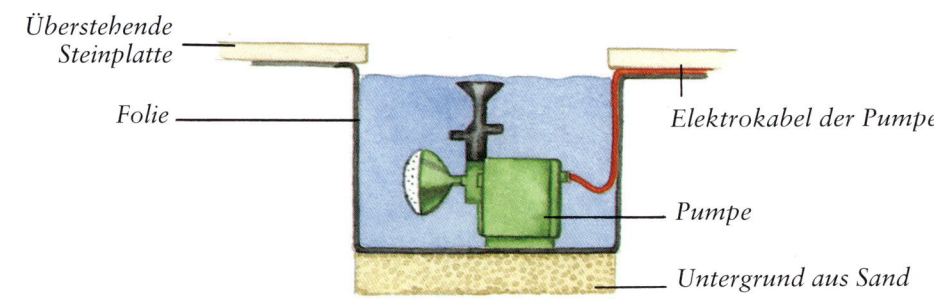

Überstehende Steinplatte

Folie

Elektrokabel der Pumpe

Pumpe

Untergrund aus Sand

Pflanzenliste

Auf beiden Seiten des Spiegels:

- *Coronilla glauca* 'Variegata'

In den Töpfen neben dem Teich:

- *Acer palmatum* 'Dissectum Atropur-pureum' (links)
- *Hosta sieboldiana* var. *elegans* (rechts)

In dem dunkelblau glasierten Topf im Teich:

- *Miscanthus sacchariflorus* 'Variegatum'

Oben: *In diesem schlichten, aber stilvollen Hinterhof entsteht durch Lichtreflexionen, fließendes Wasser und die Beleuchtung eine eindrucksvolle Szene.*

Kapitel 2

Optische Täuschungen und Illusionen

Optische Täuschungen und Illusionen bilden einen fundamentalen Bestandteil unseres Lebens - sei es bei der Wahl der Kleidung oder der Gestaltung von Wohnräumen. Aber wieviel spannender ist es doch, einen Garten voller Überraschungen zu planen, der zwar nur winzig klein sein mag, aber dennoch zahlreiche Ausblicke verspricht. Das größte Vergnügen bietet jedoch das Spiel mit Illusionen, bei dem der Eindruck erzeugt wird, der kleine Garten sei nur ein Vorgeschmack auf eine dahinterliegende, viel größere Gartenanlage. Dieses Kapitel beschäftigt sich mit einer Reihe origineller Tricks, die eine Fläche optisch vergrößern - angefangen von *trompe l'œil*-Malereien (siehe S. 22) über die geschickte Plazierung von Spiegeln bis hin zur Gestaltung von falschen Perspektiven und Grenzen mit Hilfe von Spaliergittern und Hecken. Aber in diesem Versteckspiel übernehmen auch Pflanzen- oder Kübelgruppierungen, der geschickte Einsatz von Blumen und Pflanzen zur besten Blütezeit sowie Wasser (in seinen unterschiedlichsten Erscheinungsformen) eine wichtige Rolle.

Ausgesprochen kleine Gärten wirken optisch größer, wenn man folgende Grundregeln beachtet: Gestalten Sie die Fläche so, daß einige Teile des Gartens versteckt liegen, dadurch

Oben: Der Blick des Betrachters wird sofort von der einladenden weißen Bank angezogen - noch bevor man die Vielfalt der an diesem winzigen Ort versammelten Pflanzenformen wahrnimmt.

Links: Dieser elegante harmonische Entwurf mit seiner raffinierten Bepflanzung läßt den Garten durch eine Kombination von vertikalen und horizontalen Linien größer erscheinen.

den Betrachter zum Erkunden und Entdecken einladen und ihn mit einer kleinen Überraschung belohnen. Sie können beispielsweise einen Bogen oder eine blinde Tür nur wenige Zentimeter vor die tatsächliche Gartenmauer setzen und einen flüchtigen Blick auf einen Pfad oder eine von Kletterpflanzen bedeckte Wand freigeben. Aber auch eine große, sich ausbreitende Pflanze in einem eindrucksvollen Topf im Vordergrund eines kleinen Gartens zwingt den Betrachter, sich genauer umzuschauen, um herausfinden, was dahinterliegen mag. Mit diesem schlichten, aber wirkungsvollen Trick läßt sich die Illusion einer größeren Fläche erzeugen. Rechteckige Gärten erscheinen interessanter, wenn man auf der Hälfte der Längsseiten eine kräftige, strauchartige Bepflanzung anlegt, die sich ungehemmt ausbreiten darf. Auf diese Weise entsteht eine unruhige Linie, die die gleichförmige Strenge der geraden Seitenflächen aufbricht.

Eine ähnlich optisch vergrößernde Wirkung erzielt man durch verschiedene Ebenen von unterschiedlicher Höhe. Ein kleiner quadratischer Garten kommt mit Stufen, erhöhten Beeten, einem hoch liegendem Teich oder einem abgesenkten Steinplattenbereich erheblich besser zur Geltung. So könnten Sie beispielsweise eine Reihe geschwungener oder abgerundeter

Stufen vor eine Mauer setzen und einen attraktiven Baum oder Strauch in einem dekorativen Kübel in die Mitte stellen. Bei
kleinen Gärten reichen ein bis zwei Ebenen
völlig aus, da die Pflanzen (eventuell auf
Säulen oder Ständer plaziert) ebenfalls für
Höhenunterschiede sorgen.

Jenseits der Gartengrenze

Das Verlangen, entweder persönlich oder
in unserer Phantasie durch Türen hin-
durchzugehen, zählt zu unseren stärksten
Instinkten. Dieser Effekt läßt sich mit Hilfe von Pflanzen, Dekorobjekten oder einer Kombination von beidem ganz leicht
ausnutzen: Malen Sie einfach eine *trompe l'œil*-Tür oder eine Landschaftsansicht
auf eine der Gartenmauern. Falls dies
über Ihre Fähigkeiten hinausgehen sollte,
könnten Sie eine schmiedeeiserne Tür an
der Wand befestigen, einen Spiegel da-
hintersetzen und das Ganze an den Rändern mit Kletterpflanzen zuwachsen lassen. So entsteht der Eindruck eines wei-
terführenden Durchgangs. Aber auch ein
schlichter Spalierbogen auf der Hälfte des
Gartens, mit Kletterpflanzen und einem
sanft geschwungenen Steinpfad, verlockt
dazu, den anderen Bereich des Gartens zu
erkunden.
Am Ende des Gartens läßt sich sogar eine
noch überzeugendere Illusion erzielen.
Versehen Sie dazu die eigentliche Gartenmauer mit einer dichtwachsenden, dun-
kelblättrigen Kletterpflanze und schaffen
Sie mit Hilfe eines Spaliers kurz davor eine »Wand«, an der ebenfalls Kletterpflanzen hochranken. In der Mitte lassen

Rechts: *Diese dunklen, von leuchtend
goldenem Blattwerk aufgehellten und sorgfältig beschnittenen Hecken, die die Statue
teilweise verdecken, erzeugen die Illusion
eines dahinter befindlichen Gartenbereichs
und bilden einen schönen Kontrast zum
blattgesäumten Teich.*

Sie einen Durchgang frei, den zwei gradlinig wachsende Pflanzen (wie etwa Buchsbaum (*Buxus*), Liguster (*Ligustrum japonicum*), Lorbeer (*Laurus nobilis*), Ölweide (*Eleagnus*) oder Stechpalme (*Ilex*) flankieren. Auf diese Weise glaubt der Betrachter, der Garten ginge hinter dem Spalier noch weiter.

Sie können die Gartenmauer aber auch weiß tünchen, wobei Sie lediglich eine schmale, türähnliche Fläche dunkelgrün anstreichen und diese eventuell mit einer beschnittenen immergrünen Pflanze umranden. Wenn Sie vor diesen Bereich mehrere bunte Einjährige in Töpfen stellen - etwa Zinnie, Kapaster, Bärenohr, Gazanien, rankende Gartenwicke oder Efeu-Pelargonie - entsteht ebenfalls der Eindruck eines Durchgangs zu einem anderen Garten.

Perspektive

Auch mit Hilfe von geschickt eingesetzter Perspektive läßt sich in kleinen Gärten eine Illusion erzeugen. Flankieren Sie doch einmal einen vom Haus wegführenden Pfad mit zwei großen, dicht bepflanzten Kübeln. Da der weitere Verlauf des Weges nicht eindeutig zu sehen ist, erscheint der Garten erheblich größer. Ein weiterer raffinierter Trick besteht darin, zwei kleine Bäume vor die Gartenmauer zu setzen, dabei aber einen Zwischenraum frei zu lassen und diesen mit zwei kleinen Statuen oder bepflanzten Urnen zu beiden Seiten zu versehen, so daß der Betrachter den Eindruck erhält, durch eine Schneise auf eine dahinterliegende Landschaft zu blicken.

Wenn man den Pfad auf seinem Weg durch den Garten immer schmaler werden läßt, erscheint die Entfernung zur Gartenmauer ebenfalls größer. Diesen Eindruck kann man durch stets kleiner werdende Randbepflanzungen zusätzlich verstärken. Sie können den Pfad aber auch in sanften Kurven anlegen und hinter Sträuchern verschwinden (wobei er immer enger wird) oder ihn an einem flachen Teich enden lassen, der die dahinterliegende Bepflanzung reflektiert. Falls Sie für einen Teich nicht genügend Platz haben, ließe sich auch eine wasserspeiende Maske an der Wand befestigen, deren Strahl sich in eine Schale ergießt, und die mit Pflanzen umgeben wird. Eine ungezwungene Gartenanlage kommt durch eine nicht zentrierte Lage der Maske sehr schön zur Geltung, während ein klassischer Garten einen Ausgleich in Form einer dem Wasser genau gegenüber plazierten Statue oder Urne erfordert. Darüber hinaus läßt sich eine größere Perspektive auch durch eine dreiviertelgroße, aufgemalte oder echte Tür an der am weitesten vom Haus entfernten Stelle des Pfades erzeugen. Flankieren Sie die Tür mit Miniaturvarietäten bekannter Gartenpflanzen in Töpfen.

Farben

Gewisse Grundkenntnisse der Farbenlehre empfehlen sich für jeden Gärtner, der sich mit der Gestaltung von Illusionen beschäftigt. Denn leuchtende und helle Blütenfarben vor einem Hintergrund aus dunklen Blättern erscheinen dem Auge näher und erzeugen so den Eindruck einer größeren Distanz zwischen beiden Pflanzen. Eine überzeugend dreidimensionale Wirkung erzielen Sie beispielsweise mit einem Topf weißer Tulpen vor einer sehr dunklen immergrünen Pflanze und weiteren Tulpen in anderen Farben. In der Abenddämmerung entsteht dann der Eindruck, daß die weißen Blüten nach vorne rücken, während die anderen Farben in den Hintergrund treten.

Daher sollten Sie auch Ihre weiße Gartenbank vor einer Mauer mit dunklem Blattwerk plazieren oder einen dicht mit

Oben: Ein schlichter Sockel verleiht der Büste exakt die richtige Höhe, so daß sie hoch über den zu ihren Füßen wuchernden Blüten und Blättern thront.

cremefarbig gestreiftem Rohrglanzgras (*Phalaris arundinacea* var. *picta*) oder leuchtend goldener *Hakonechloa macra* 'Aureola' bepflanzten Topf neben eine Gruppe mit dunklen Blättern stellen. Statuen, Büsten und andere Skulpturen benötigen ebenfalls Blattwerk, durch das sie hindurchschimmern können (es sei denn, es handelt sich um einen sehr formalen Garten); denn eine helle Figur, die aus dichtem, dunklen Blattwerk hervorschaut, hinterläßt einen wesentlich stärkeren Eindruck als eine Figur, die von allen Seiten frei sichtbar ist.

Harte und weiche Elemente

Eine Kombination aus harten und weichen Elementen (etwa Kunstobjekte und Pflanzen) können täuschend echte Illusionen erzeugen. Plaziert man beispielsweise eine kleine, von Kletterpflanzen - wie Rose, Waldrebe oder Nachtschatten - überwucherte Laube oder einen Pavillon in die Mitte eines Ziergartens, von der vier Pfade in alle Himmelsrichtungen führen, entsteht der Eindruck eines kleinen Platzes. Die Pfade mögen zwar nur bis zu den umliegenden Mauern reichen, aber wenn man dies geschickt mit Pflanzen kaschiert, wird es schwierig, die genaue Größe des Gartens zu definieren.

Auch mit Wasser lassen sich optische Täuschungen gestalten. So können sich beispielsweise kleine Wasserfälle von einer Schale in die nächste ergießen, wobei die jeweils untere Schale um 45 Grad seitlich versetzt ist. Wenn man die Schalen raffiniert halb hinter der Bepflanzung versteckt, glaubt der Betrachter, ein sich windendes Bächlein zu sehen, das in einem Teich endet. Der Teich wiederum ist umgeben von Findlingen und kräftigen Pflanzen (wie der Riesenrhabarber *Gun-*

nera manicata), wodurch Teich und Pflanzen als Teil einer weitläufigen Landschaft erscheinen.

Aber auch Licht und Beleuchtung eignen sich zur Kreation perfekter Illusionen. Von Spotstrahlern beleuchtete Pflanzen - etwa ein silbern glänzender Baumstamm oder die Silhouette einer Trauerweide, die sich scharf von dem unbeleuchteten Hintergrund abheben - erzeugen nachts eine geheimnisvolle Atmosphäre. Wenn Sie ein Kunstobjekt oder eine Pflanze an der Gartengrenze mit einem Spotstrahler anleuchten, werden diese optisch hervortreten, als lägen sie in weiter Ferne - insbesondere, wenn sich im Vordergrund unbeleuchtete Formen abzeichnen. Die ideale Beleuchtung eines kleinen Gartens umfaßt mehrere in die Erde gesteckte Strahler im Hintergrund, die sich zwischen dichten Sträuchern verstecken und teilweise so gedreht sind, daß sie besondere Blickfänge im Garten (einen Teich, eine Skulptur, ein hübsche Bank oder eine Laube) illuminieren. Sollten Sie Ihren Garten häufig nachts nutzen, benötigen Sie zusätzlich stärkere Wegbeleuchtungen. Der Besitzer eines winzigen Ziergartens kann seinen nächtlichen Garten jedoch eher als private Freilichtbühne vom Haus aus betrachten.

Pflanzen als Illusionisten

Sogar mit Pflanzen läßt sich die Wirkung eines dekorativen Gartenelementes zusätzlich verstärken. Wir alle kennen den zauberhaften Charme eines von Kletter-

Oben: Diese kleinen Nischen in einer efeubedeckten Mauer bieten sich als Ausstellungsfläche für Kunst- oder Dekorobjekte geradezu an.

Rechts: In den geschickt plazierten Spiegeln mit ihren geraden, übersichtlichen Linien spiegeln sich die runden Ölgefäße und die stachlige Bepflanzung wider.

rosen überwucherten Apfelbäumchens; in extrem kleinen Gärten müssen jedoch mit weniger überwältigenden Kombinationen Illusionen geschaffen werden. So bringt beispielsweise ein radikal bis zum Stamm beschnittener *Acer negundo* 'Flamingo' frische rosa- und cremefarbene sowie zartgrüne Blätter hervor und unterstützt damit einen kräftigen *Solanum crispum* 'Glasnevin' - vorausgesetzt, man schneidet ihn im Frühjahr kräftig zurück. Denn dann werden die malvenfarbenen Nachtschattenblüten den ganzen Sommer durch die dekorativen Blätter des Eschenahorn hindurchschimmern und diesen wie einen blühenden Baum erscheinen lassen. Ich runde das Ganze gerne mit einer *Clematis viticella* 'Royal Velours' ab. Eine ähnliche Wirkung läßt sich aber auch mit einem Trick erzielen, der aus italienischen Gärten stammt: Hier findet man häufig einen stark beschnittenen Lorbeerbaum (*Laurus nobilis*), an dem ein dekorativer Efeu - insbesondere goldblättrige Sorten wie *Hedera helix* ssp. *helix* 'Buttercup' - hochrankt. Diese sorgfältig gepflegte Pflanzenkombination erinnert an charmante, dunkle Säulen mit goldfarbenem Stamm. Andere Kombinationen sind noch witziger: ein Terrakottakopf, der im oberen Bereich mit *Festuca glauca* 'Golden Toupée' bepflanzt und mit Ranken von *Rosa* 'Golden Showers' verziert wird.

Wandmalereien (Trompe l'œil)

Wenn es darum geht, eine wirkliche überzeugende optische Täuschung zu kreieren, sind Wandmalereien - auch *trompe l'œil*-Malereien genannt - in allen Bereichen des Designs von unschätzbarem Wert. Im Garten bezeichnet dieser Begriff meist eine gemalte Oberfläche, deren räumliche Perspektive den Eindruck erweckt, der reale Garten setze sich in einer imaginären Landschaft fort. Das Geheimnis eines gelungenen *trompe l'œil* liegt darin, den Entwurf möglichst einfach und stilistisch durchgängig zu halten. Falls Sie beispielsweise ein klassisches Thema mit Säulen, Durchgängen, Sockeln, Nischen, Balustraden, Kreuzblumen und Bögen planen, sollten Sie es nicht mit einer Bauerngartenbepflanzung kombinieren, die dazu ganz und gar nicht paßt.

Auch wenn eine Wandmalerei von fernen Landschaften, Figuren, Ruinen oder Wasserflächen geprägt sein kann, kommt sie doch am besten zur Geltung, wenn sie mit natürlichen Pflanzen kombiniert wird. Natürlich gehen die Meinungen (wie in allen Bereichen der Kunst) weit auseinander: Mancher Gärtner bevorzugt einen strengen grünen Garten mit aufgemalten, leuchtenden Rosenblüten an einer entfernten Mauer, während andere eine toskanisch anmutende Landschaft im Stil eines Ghirlandaio-Gemäldes schätzen.

Der Begriff *trompe l'œil* kann auch zur Beschreibung einer einfacheren Technik dienen, bei der ein gemaltes Gartenelement mit tatsächlich existierenden Objekten verziert wird. So ließe sich beispielsweise eine gemalte und mit bunten Blumen gefüllte Urne mit echtem Blattwerk umgeben oder ein auf eine nackte Wand gemaltes Fenster mit einem echtem, dicht bepflanzten Blumenkasten (siehe Seite 80) optisch aufwerten. Eine andere sehr attraktive Idee ist, eine Tür mit Buntglasscheiben mit etwas Abstand vor einer Mauer zu plazieren und dazwischen einen Spotstrahler zu installieren. Auch im oberen Bereich der Wand läßt sich ein Buntglasfenster befestigen. Wenn man es mit rankenden Pflanzen umgibt und nachts von hinten beleuchtet, entsteht der Eindruck einer kleinen Kapelle, die an den winzigen Hinterhof angrenzt.

Oben: *Die durch die schlichte, moderne Skulptur zu sehende eindrucksvolle, klassische Statue lenkt den Blick in den hinteren Gartenbereich und verleiht dem Garten eine größere räumliche Tiefe.*

Links: *Ein wunderschön geschnitzter »Grüner Mann« entpuppt sich als halb unter üppigem Blattwerk verborgener Wandbrunnen, der der schlichten Gartenmauer mehr Lebendigkeit schenkt.*

Gegenüberliegende Seite: *Dieses hinreißende trompe l'œil-Gemälde mit sommerlichen Wiesen vor weit entfernten Bergen bildet durch seine perfekte Kombination von echten und gemalten Elementen eine täuschend wirklichkeitsnahe Illusion.*

Ein Trompe l'œil-Garten

Dieser (in seiner Winterform dargestellte) Garten dient eher als »Aussicht« denn als eine Gartenanlage, in der man gerne verweilt. Die stilvolle Eleganz der toskanisch anmutenden Landschaft wird durch die echte Bepflanzung noch verstärkt. Sie verleiht dem Ganzen größere räumliche Tiefe und bringt den Betrachter zum Schmunzeln. Die Gartenmauer muß vor dem Aufmalen des *trompe l'œil*-Gemäldes sorgfältig verputzt und weiß gestrichen werden.

Errichten der Stützmauern und des Podestes

Zuerst bestimmen Sie die genaue Mitte Ihres Gartens, indem Sie von beiden Seitenwänden aus messen. Anschließend berechnen Sie die Breite der Stützmauern und der Stufen sowie den Abstand zwischen Garten- und Stützmauer.
Für das Fundament der Stützmauern heben Sie einen flachen (etwa 15-23 cm tiefen) Graben aus und füllen ihn mit Beton, der völlig aushärten muß. Dann errichten Sie die Mauer bis zu einer Höhe von sie-

ben übereinandergeschichteten Ziegelsteinen, wobei die oberste Reihe aus quergelegten halben Ziegeln besteht. Als nächstes verlegen Sie die Platten. Dazu müssen Sie sie auf Höhe der Stützmauern abschneiden, so daß sie bündig mit den Wänden abschließen und für die Stufen ein gepflastertes Fundament bilden.
Mit Hilfe von Schotter entsteht hinter den Stützmauern ein etwa 15 cm hohes Podest, das Sie mit einem Brett abstützen sollten, bis Sie die Platten verlegen. Achten Sie auch hier darauf, daß die Platten bündig mit den Wänden abschließen.

Verlegen der Stufen

Für die untere Stufe legen Sie entlang des Podests eine Reihe aus halben Ziegelsteinen und davor eine Reihe aus ganzen Ziegeln, während die obere Stufe nur aus einer Reihe mit ganzen Ziegeln besteht. Da sich diese obere Stufe auf gleicher Höhe mit dem Podest befinden muß, sollten Sie eventuelle Höhenunterschiede durch zusätzlichen Mörtel zwischen den Stufen ausgleichen.

Querschnitt durch die Stufen

Die Töpfe der Scheinzypressen sollten mindestens 35 cm hoch sein. Als weitere Bepflanzungen bieten sich an: Wacholder (*Juniperus communis* 'Compressa', *J. scopulorum* 'Skyrocket') und Scheinzypresse (*Chamaecyparis lawsoniana* 'Ellwoodii').

Querschnitt durch Stützmauer, Podest und Stufen

Pflegearbeiten

- Füllen Sie die Töpfe der Scheinzypressen mit wasserspeicherndem Blähton.
- Die an den Seiten wachsenden Efeupflanzen und Kamelien sollten sorgfältig mit Mulch versehen werden.
- Ersetzen Sie die *Dracaena cincta* 'Tricolor', falls sie sich zur sehr ausbreitet.
- Die Spiralbuchsbäumchen müssen regelmäßig beschnitten und gedreht werden.

Stützmauer und Podest

Verlegen der Stufen

Pflanzenliste

Im Vordergrund:
- Zwei kleine Spiralbuchsbäumchen
- *Camellia* 'Lady Clare'

An den Seitenwänden:
- *Hedera helix* ssp. *helix* 'Green Ripple' und *H. helix* ssp. *helix* 'Parsley Crested', darunter *Hebe rakaiensis*

Auf den Stützmauern:
- Töpfe mit *Sempervivum tectorum* und *S. arachnoideum*

Hinter den Stützmauern:
- Scheinzypresse

In der Urne in der Mitte:
- *Dracaena cincta* 'Tricolor'

Kapitel 3

Schmuck für den Ziergarten

So wie Bilder eine wichtige Rolle bei der Gestaltung der Wände in unserer Wohnung übernehmen, tragen Dekorobjekte - Statuen, Skulpturen, Töpfe, Kübel und andere ungewöhnlichere Ornamente - zur Verschönerung des Gartens bei und sind besonders in kleinen Gärten von großem Wert. Im Grunde müßte jeder kleine Garten mindestens eines dieser schmückenden Objekte aufweisen - eine Ansicht, die italienische Gärtner bereits seit Jahrtausenden vertreten. Die Art und Weise, wie sie attraktive Steinfiguren in elegante Gartenanlagen plazierten, kann auch heute noch als Quelle der Inspiration dienen, bevor man sich eine Statue oder eine abstraktere Skulptur für den eigenen Garten zulegt.

Worauf Sie beim Gestalten des Gartens mit Dekorobjekten am meisten achten müssen, ist die Tatsache, daß sich die neuen Elemente stilistisch in die Bepflanzung einfügen - was nicht unbedingt eine Frage der Größe des Garten ist. Eine schöne Statue oder Urne muß nicht notwendigerweise winzig klein sein, nur weil Ihr Garten klein ausfällt. Tatsächlich kann sich auch eine große Skulptur auf einem Podest hervorragend in einen kleinen Garten einfügen - vorausgesetzt, es handelt sich um ein dekoratives Objekt, für das Sie außerdem genügend Platz haben. Ich

Oben: Diese ansteigende Reihe von wassergefüllten Schalen zeigt auf anschauliche Weise, wie sich ein Garten mit kleinen Miniaturteichen verschönern läßt.

Links: Auch kleine Gärten können große, solide Dekorelemente beherbergen. Hier bilden die architektonischen Formen der Pflanzen einen schönen Ausgleich zur Schlichtheit der massiven Vasen auf ihren Sockeln.

kenne einen winzigen Stadtgarten, der von einer großen, antiken Brunnenfigur fast völlig ausgefüllt wird, aber durch darüberrankende Rosen, Frauenmantel (*Alchemilla mollis*) zu ihren Füßen und zwei oder drei Töpfe mit Kamelien (*Camelia*), Funkie (*Hosta*) und Neuseeländer Flachs (*Phormium tenax*) einfach bezaubernd wirkt. Die Schlichtheit und die attraktiven Konturen der Brunnenfigur sorgen dafür, daß sie sich in jeden Hintergrund einpassen konnte, während eine kunstvolle, stark dekorierte Figur eher lächerlich wirken würde.

Grundsätzlich gilt, daß relativ große Dekorobjekte (im Verhältnis zum Garten) am besten zur Geltung kommen. Es lohnt sich immer, lieber eine große Statue mit einer einzelnen attraktiven Pflanze zu kombinieren, als zwei oder drei kleine Statuen aufzustellen, die zwischen einer Reihe von Töpfen untergehen. Selbst in einem winzigen Garten ließe sich eine große Figur vor eine der Mauern plazieren, eventuell mit einer sorgfältig beschnittenen Buchsbaumhecke umgeben oder von einem Bäumchen überschattet. Die Figur könnte natürlich auch mit einer efeuüberwucherten Wand und kleinen, runden Sträuchern wie etwa *Hebe rakaiensis* kombiniert werden, die eine Lücke im Steinpflaster füllen.

Oben: Die bezaubernde Meerjungfrau aus Treibholz in Kombination mit den weißen Muscheln verleiht dieser winzigen Gartenecke eine maritime Atmosphäre.

Rechts: Die zarten Strauchmargeriten (Argyranthemum) in ihren hübsch glasierten Töpfen bilden einen schönen Kontrast zu den beiden Zitronenbäumchen, die im Frühjahr den gesamten Hof mit ihrem Blütenduft erfüllen.

Falls Ihnen nur eine begrenzte Fläche zur Verfügung steht und Sie mehrere Dekorobjekte verwenden wollen, sollten Sie darauf achten, daß sie gut zueinander und zum Garten passen. Es hätte wenig Sinn, z.B. eine klassische Statue in einen japanischen Garten zu stellen. Auch bei der Kombination neuer und alter bereits vorhandener Objekte müssen Sie sehr vorsichtig sein. Erst ein mit Jauche (oder

Joghurt) bestrichener, schlichter Betonwürfel setzt genügend Patina an, so daß er mit einer antiken Urne harmoniert und damit genau die richtige Höhe für Pflanzenarrangements ermöglicht. Aber auch mit Hilfe von Pflanzen lassen sich alte mit neuen Dekorobjekten kombinieren. In einem üppig bepflanzten Garten bewunderte ich einmal eine schöne, antike Steinurne, deren Sockel aus gegossenem Beton bestand. Der Sockel sorgte für die notwendige Höhe der Urne und bildete mit seiner Klematisbepflanzung an einem Drahtgeflecht und der dahinter befindlichen, immergrünen Hecke ein attraktives Dekorobjekt. In der Urne selbst wuchsen ausschließlich silberblättrige Pflanzen - ein Musterbeispiel an Zurückhaltung.

Eine ansprechende, moderne Skulptur fügt sich in nahezu jeden Gartenstil ein, aber je schlichter das Design und je natürlicher das Material, desto vielseitiger läßt sie sich einsetzen. In einem kleinen Garten kann bereits ein hübscher, sorgfältig plazierter Stein zu einem eigenständigen Kunstwerk werden und mit einem aus einer versteckten Quelle gespeisten Bächlein als lebendiger Mittelpunkt dienen. Große Steine und Findlinge in zahlreichen Formen und Größen sind in vielen Gartencentern erhältlich. Für kleine Gärten eignet sich ein einheitlicher Bodenbelag aus farblich ähnlichen Kieselsteinen, Findlingen und Steinplatten am besten, da hier große Farbvariationen zuviel Unruhe ins Bild bringen. Die Steine und Findlinge lassen sich auf unterschiedliche Weise einsetzen: In einem Kieselsteingarten ergeben sie beispielsweise hervorragende Beeteinfassungen, die die Grenze zwischen Pflanzen und Wegen genau festlegen. Und wenn man die Steine in einer bestimmten Form arrangiert (etwa zu einem Kreis oder Halbkreis), bilden sie ein ungewöhnliches, geheimnisvolles und zugleich dezentes Gartenelement.

Töpfe und andere Pflanzbehälter

Selbst die kleinste Gartenecke läßt sich mit leeren oder dicht bepflanzten, dezenten oder auffälligen Blumentöpfen noch verzieren. Dabei spielt es keine Rolle, ob diese die einzigen Pflanzbehälter bilden oder als zusätzliche Dekorobjekte fungieren. Töpfe und Kübel sind unglaublich vielseitig und können den Garten durch ihre Plazierung »aufwerten«, als Blickfang dienen oder eine unansehnliche Ecke kaschieren. Außerdem ermöglichen sie es Ihnen, auch empfindliche Pflanzen zu züchten oder mit Farben, Formen und Stilen zu experimentieren. Hohe Amphoren oder Tongefäße mit ihren ansprechenden und sinnlichen Formen kommen (genau wie große Tröge und Urnen) unbepflanzt am besten zur Geltung, da sie so eine eigenständige natürliche Skulptur bilden.

Durch eine harmonische Abstimmung von Pflasterung und Töpfen lassen sich ebenfalls eigenständige Gärten schaffen. Generell gilt: Je kleiner die Gartenecke, desto größer die Rolle des Topfes, der entweder mit anderen Pflanzgefäßen zu einer blühenden Gruppe aus Blüten und Blättern kombiniert werden kann, streng bepflanzt mit einem Pendant eine formale Atmosphäre erzeugt oder einfach mit einer außergewöhnlichen Pflanze als einzelner Blickfang dient. Ein Vorteil von Töpfen und Kübeln besteht darin, daß sie sich entsprechend der Jahreszeit oder aus praktischen Erwägungen jederzeit problemlos transportieren lassen. Wenn Sie beispielsweise im Freien essen möchten und Platz für einen Tisch benötigen, schieben Sie die Töpfe einfach beiseite und später wieder zurück.

Mit Topfpflanzen sind Sie in der Lage, sehr viel schneller auf jahreszeitliche Veränderungen zu reagieren als mit Beetpflanzen, so daß Sie sich - bei sorgfältiger Planung - an den Pflanzen erheblich länger erfreuen können. Den früh- und spätblühenden Narzissen folgen beispielsweise Tulpen und kurz danach Lilien, und mit eingetopften Einjährigen holen Sie den Sommer bereits dann in den Garten, wenn Ihre Sommerbepflanzung noch lange auf sich warten läßt. Langsam verblühende Sträucher, die schon die gesamte Jahreszeit durch ihren Anblick verzaubert haben, erhalten einen neuen Wachstumsschub, wenn man sie in einen Kübel setzt und an einen neuen Standort stellt. Insbesondere ein- oder zweijährige Fuchsien gedeihen in einem entsprechend großen Kübel mit gut gedüngtem Blumensubstrat und an einem sonnigen und geschützten Standort besonders gut. Auch der Einbruch des Winters läßt sich mit einer attraktiven Topfpflanze vor einer kahl werdenden Ecke hinauszögern, und auch der traurigste Winkel wird mit einem Topf voller bunter, winterblühender Stiefmütterchen wieder lebendig.

Auch wer nicht viel Zeit oder Geld investieren möchte, kann seinem Ziergarten - insbesondere dem im Hinterhof - mit Hilfe eines hübsch bepflanzten Kübels einen attraktiven Blickfang verleihen, dessen Wirkung die ursprüngliche Investition bei weitem aufwiegt. Beispielsweise könnte man Funkien in Töpfen zunächst außer Sicht unter eine Bank stellen, dann ihre

charmant gefärbten Blätter hervorschieben und sie wieder in der Versenkung verschwinden lassen, sobald sie von Schnecken abgefressen oder vom Frost bräunlich verfärbt sind. Dekorative Bepflanzungen auf Gestellen oder umgedrehten Blumentöpfen verleihen kleinen Gärten nicht nur Farbe und Abwechslung, sondern auch eine neue Dimension. Viele Pflanzen - wie etwa in Form geschnittene Bäumchen (die immer belieb-

Oben: Objets trouvés ergeben ungewöhnliche Dekorobjekte. Das Buntglasfenster und die an Medusa erinnernde Figur bringen Phantasie in diesen winzigen Garten.

ter werden) und Bonsai-Bäumchen - kommen in Töpfen bedeutend besser zur Geltung als in Beeten. Ein Topf mit frühlingshaften Zwiebelgewächsen belebt die winterlich trübe Stimmung mehr als jedes Glas Champagner, und ein großer Kübel mit stark duftenden Lilien weckt Erinnerungen an warme Sommertage.

Objets trouvés

Häufig findet man bei Hausauflösungen ungewöhnliche Dekorobjekte, die trotz Mottenfraß und Schimmel in wundervolle Gartenelemente verwandelt werden können. Eine Galleonsfigur, deren Farbe bereits abblättert, ließe sich an einer Wand befestigen, und eine scheu zwischen Farnen hindurchschimmernde Meerjungfrau schafft eine zauberhafte Stimmung. Aber auch ausgemusterte Kneipenmaskottchen und Kirmespferde ergeben mit etwas Blattwerk und Phantasie charmante Gartenverzierungen. Ich habe sogar einmal eine alte Schneiderpuppe hinter einem Baum gesehen, die passend mit einem alten Strohhut gekleidet war. Darüber hinaus können Sie dekorative Vogelkäfige aus Asien in Ihre Bäume hängen und mit *Strelitzia* in Töpfen ausstatten, Körbe in zahlreichen Formen bepflanzen oder mit modernen Weidenskulpturen Ihren kleinen Garten aufwerten.

Auch Tierfiguren in zahllosen Größen und Formen eignen sich als hervorragende Dekorobjekte. Verwenden Sie doch einmal stilisierte Skulpturen wie etwa chinesische Fo-Hunde (riesige, löwenartige Hunde), die von Zeit zu Zeit bei Auktionen auftauchen, oder stolze Löwen auf Balustraden und Säulen. Oder wie wäre es mit schlichteren Objekten wie einem bescheidenen Steinigel auf einer Mauer? Für welchen Stil Sie sich auch entscheiden - achten Sie darauf, daß die Skulpturen naturgetreu geformt oder geschnitzt sind, und verzichten Sie auf Tierfiguren mit menschlichen Zügen.

Eine weitere Fundgrube für Gartendekorobjekte sind Strände: Findlinge und große Steine passen zu allen Pflanzen und können an strategisch günstigen Standorten in Beeten plaziert werden oder unansehnliche Töpfe kaschieren. Am Strand finden

Oben: Dieser von sorgfältig plazierten Töpfen umgebene Tisch bildet eine perfekte Stellfläche für die Bonsai-Bäumchen. Die Blattpflanzen in den Töpfen harmonieren hervorragend mit den blaugrünen Türen.

Gegenüberliegende Seite: Die Farben dieses Mosaikkübels werden von der leuchtend bunten Bepflanzung noch einmal aufgenommen.

sich aber auch Muscheln, knorrige Treibholzstücke und Glasflaschen, deren Herkunft mit dem abgelösten Etikett längst verschwommen ist, die aber den Garten mit leuchtenden Farben und sanften Formen verzieren. Sogar eine Muschelsammlung auf einer niedrigen Mauer oder dekorative Wandbilder aus Muscheln bieten sich als zauberhafte Dekorobjekte an. Wenn Sie das Ganze noch mit einem Wandbrunnen und einer darunterstehenden Schale sowie ein oder zwei Farnen abrunden, ist der Garten im Nu fertig.

Der richtige Platz

Wenn Sie Ihre kostbaren Gartenverzierungen auf den Boden stellen, werden sie bald von Blättern und Pflanzen überdeckt sein. Um dies zu vermeiden, könnten Sie beispielsweise eine hüft- oder schulterhohe Stellfläche für Ihre Sammlung kleiner Figuren oder Büsten schaffen, indem Sie mehrere Regalbretter mit Hilfe von stabilen Wandhaken an einer soliden Mauer befestigen. An den Fuß der Mauer setzen Sie Kletterpflanzen, die an der

Wand emporranken und so beschnitten werden, daß sie einen Rahmen für die Figurensammlung bilden. Für eine schattige Wand empfiehlt sich Efeu wie beispielsweise *Hedera helix* ssp. *helix* 'Goldheart' oder ein sorgfältig zurückgeschnittener Feuerdorn (*Pyracantha*), so daß die lebendigen Formen die der Skulpturen harmonisch unterstreichen. Eine ähnliche Stellfläche könnte auch einen großen Trog beherbergen, der mit Efeu bepflanzt ist. Die Efeuranken wachsen an Drähten oder Schnüren bis auf den Boden und bilden so lebendige Girlanden, die von adrett beschnittenen Kugelbuchsbäumchen auf beiden Seiten flankiert sind.
Die für diese ornamentale Gärten verwendeten Pflanzen können je nach Wunsch ganz schlicht oder auch sehr raffiniert sein und entweder eine Skulptur optisch verzieren oder ihre weniger ansehnlichen Bereiche kaschieren - gerade dann, wenn ein Dekorobjekt nicht ganz perfekt ist, wirkt ein Schleier oder ein Vorhang aus Pflanzen und Blättern wahre Wunder. Eindrucksvolle Pflanzen mit

klaren, architektonisch anmutenden Linien wie etwa Neuseeländer Flachs (*Phormium*), Agaven, Yuccas, Wolfsmilch (*Euphorbia*), Nieswurz (*Helleborus*), Bambus, Aralien (*Aralia*) und Götterbaum (*Ailanthus*) verleihen dem Ganzen eine zusätzliche Dimension, während die sanfteren Formen von Efeu (*Hedera*), Frauenmantel (*Alchemilla mollis*), Scheinrebe (*Ampelopsis*), *Actinidia*, Weinrebe (*Vitis*), Strauchveronika (*Hebe*) und Spindelstrauch (*Euonymus*) den

*Unten: Das blaue Spaliergitter, die silbrigglänzenden Eselsdisteln (*Onopordum*) und die Töpfe mit Hauswurz (*Sempervivum*) erzeugen eine raffinierte Farbkombination.*

Garten harmonisch abrunden. Je nach Gewicht lassen sich sowohl die Pflanzen als auch die Statuen ganz nach Wunsch umstellen, um die Beziehung zwischen Ornamenten und Bepflanzung zu verstärken.

Außerdem bereitet die Gestaltung der Dekorobjekte mit Pflanzen viel Freude. Wie gefällt Ihnen eine Figur mit »Haaren« aus dekorativem Ziergras oder ein Terrakottakräutertopf mit *Echeveria*, ein Igel aus Senf- und Kressesaat (den Kinder besonders mögen), eine blattförmige Vogeltränke aus Blei zwischen Seerosen in einem winzigen Teich oder ein Topf mit Wiesenhafer (*Helictotrichon sempervirens*), der sich als Wasserfall präsentiert? Für Gärten im modernen Stil mit abstrakten Formen aus Edelstahl, Beton, Stein oder Holz eignen sich Kakteen in Kieselsteinbeeten oder schlichten Töpfen. Die Kakteen erinnern meist selbst an Skulpturen, so daß sich mit ihnen und einer abstrakten Skulptur in einem sonnigen Hinterhof eine spektakuläre Landschaft schaffen läßt.

Viele beeindruckende Skulpturen sind häufig mit Wasser - Springbrunnen, Rinnsalen und Bächlein - kombiniert. Auch Wandbrunnen in Form wasserspeiender Masken und tropfender Hähne zieren unsere Gärten schon seit Jahrhunderten. Aber erst die verbesserte Qualität der Glasfaserimitate hat die Nachfrage nach kleinen, überschaubaren Wasserquellen verstärkt. So läßt sich mit einem nachgemachten Brunnen, dessen Wasser sich über die Steine ergießt, und den wilden grünen Locken der Binse (*Juncus inflexus* 'Afro') in einem in der Nähe plazierten Topf (mit *Cyperus papyrus* oder *Carex pendula* im Hintergrund) ein hinreißender Garten schaffen, der den Neid aller Gärtner erregt, die sich mit ungleichmäßigen Rasenflächen und immer wiederkehrendem Unkraut herumschlagen.

Besonders schön zur Geltung kommen Figuren (jeglicher Stilrichtungen), wenn man eine Schale mit Wasser zu ihren Füßen aufstellt. So könnte beispielsweise ein prächtiger Steinlöwe auf einem Podest thronen und sein eigenes Spiegelbild betrachten.

Dekorative Spaliergitter

Spaliere dienten sehr lange nur als Dekorobjekte, und mittelalterliche Gemälde zeigen Gitterpaneele als Teil der geometrischen Gartenmuster, die sich damals großer Beliebtheit erfreuten. Auch heute noch bieten sich zahllose Einsatzmöglichkeiten für Spaliere. Wie wäre es mit einem selbstgebauten und gestrichenen Gitterwerk, einem Spalierbogen mit einer darüberwuchernden Kletterpflanze oder einem Gitterzelt auf einem Holzkübel, durch das sich im Sommer einjährige Kletterpflanzen ranken, während es im Winter durch seine kühle Eleganz besticht?

Die in Frankreich als *treillage* bezeichneten Spalierformen umfassen raffinierte und hochkomplizierte Entwürfe, von denen sich viele vereinfachen und einem kleinen Garten anpassen lassen. Ein Spalierpfeiler bildet beispielsweise eine attraktive Kletterhilfe für Rankpflanzen und eignet sich aufgrund seiner Transparenz wesentlich besser für einen kleinen Garten als ein Steinpfeiler.

Denken Sie bei der Anfertigung eines Spaliers daran, daß relativ dünne Holzlatten ausschließlich dekorativen Zwecken dienen können. Falls Sie das Spalier aber mit einer Kletterpflanze begrünen wollen, benötigen Sie dicke, solide Holzlatten. In Baustoffhandlungen und Gartencentern erhalten Sie gebrauchsfertige, solide Spaliergitter aus behandeltem, ungestrichenem Holz, aber Sie können natürlich auch selbst ein Spalier anfertigen und es anbrin-

Oben: Die einheitlichen Formen der Buchsbaumkugeln in ihren gestreiften Töpfen tauchen in den kunstvollen Steinornamenten auf der Gartenmauer noch einmal auf.
In Kombination mit der wasserspeienden Neptunmaske und den Töpfen mit Petunien (Petu-nia) und Tabak (Nicotiana) entsteht eine perfekte Verbindung von Pflanzen und Ornament, Natur und Kunst.

gen (siehe Seite 52). Wenn Sie fertige Git-terpaneele verwenden, sollten diese ent-weder direkt auf einer Mauer befestigt und gegebenenfalls durch Stützpfosten ver-bunden (falls sich das Spalier über die ge-samte Mauer erstreckt) oder mit Schrau-ben an der Wand angebracht werden.

Überlegen Sie zuvor genau, welche Wir-kung Sie mit einem Spaliergitter erzielen möchten. Falls Sie einen rustikalen Stil bevorzugen, eignen sich Gitterwerke aus naturbelassenem Holz am besten; aber mit Hilfe von Farbe lassen sich auch wun-dervolle Effekte erzielen. Ein eleganteres Bild erreicht man dagegen mit gestriche-nen oder gebeizten Holzlatten: Weiß sorgt für zusätzliches Licht in dunklen Ecken, ein zartes Blaugrau schmeichelt den Pflanzen, Dunkelgrün wirkt attraktiv und frisch, während kräftige Farben ei-nen Dachgarten oder modernen, farbori-entierten Garten lebendig gestalten.

Wenn Sie Ihr Spalier mit einer Kletter-pflanze versehen wollen, stehen Ihnen zahlreiche Pflanzen zur Wahl: schnell-wachsende Sorten wie *Clematis macro-petala*, *C. alpina* und *C. viticella* sowie Glockenrebe (*Cobaea scandens*), Garten-wicke (*Lathyrus odoratus*), Schwarze Su-sanne (*Thunbergia alata*) oder Prunk-winde (*Ipomoea indica*). Aber auch der zarte Bleiwurz (*Plumbago*) oder *Amelop-sis glandulosa* 'Elegans' bieten hübsche Sommerfarben.

Spaliergitter besitzen gegenüber anderen Dekorobjekten den Vorteil, daß es sich bei ihnen um ausgesprochen praktische Gartenverzierungen handelt, mit denen sich Pfeiler und Säulen, Sitzplätze und Stellflächen oder elegante und dekorative Paravents zum Kaschieren von Lager-flächen oder unansehnlichen Rohren fer-tigen lassen. Warum verwandeln Sie nicht einmal einen nüchternen Schuppen mit Hilfe eines kunstvollen Spaliers in ein de-koratives Gartenelement?

Ein Japanischer Garten

Dieser winzige, frühlingshafte Garten ist das Ergebnis minutiöser Planung. Bevor Sie an die Gestaltung gehen, sollten Sie den Garten aus verschiedenen Blickwinkeln betrachten, Ihren bevorzugten Aussichtspunkt herausfinden und den Einfall von Licht und Schatten notieren. Denn diese Faktoren bestimmen die Lage der Holzstege, Findlinge und Kieselsteine sowie den Standort der Pflanzen. Messen Sie zuerst den Abstand zwischen Mauern, Fenstern und Türen und beziehen Sie herausragende Rohre, Fensterbretter oder Abflüsse in Ihre Überlegungen ein.

Anfertigung der Holzstege

In Hobbybedarfsgeschäften und Gartencentern finden Sie zahlreiche gebrauchsfertige Holzstege, so daß Sie nicht unbedingt auf Ihre handwerklichen Fähigkeiten vertrauen müssen. Aber natürlich können Sie auch behandelte, etwa 10 cm breite und 5 cm dicke Holzlatten kaufen, sie auf die gewünschte Länge (etwa 60 cm für kleine Gärten) zuschneiden und die Enden mit Schleifpapier sorgfältig glätten. Getragen werden die Latten von je einer Querlatte auf beiden Seiten. Da es sich bei diesem Entwurf um rechteckige Stege handelt, sollten die Querlatten kürzer sein als die Längslatten, die in gleichmäßigen Abständen (Distanzstück verwenden) und mit je zwei Nägeln auf beiden Seiten an der Unterlage befestigt werden. Einen professionelleren Eindruck erzielen Sie mit Messing- oder rostfreien Schrauben, die in das Holz versenkt und mit Holzspachtelmasse in der Farbe der Latten kaschiert werden. Die Stege für die Bonsai-Bäumchen weisen aus Kontrastgründen quergenagelte Latten auf.

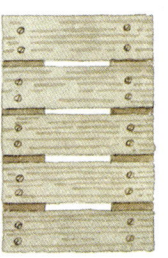

Anfertigung der Holzstege

Verlegen der Holzstege

Plazieren Sie die Stege sorgfältig, so daß sie sich harmonisch in den Garten einfügen, und lassen Sie genügend Platz für die Pflanzen. Der Steg im hinteren Bereich sollte um etwa 10 cm angehoben werden. Zunächst errichten Sie ein Fundament, indem Sie den Boden zuerst festtreten, dann mit einer 7,5 cm dicken Schicht Kies- und einer gleich hohen Schicht Sand versehen. Achten Sie darauf, daß der erhöhte Steg besonders guten Halt hat. Sobald sich die Schichten gesetzt haben, verlegen Sie die Stege und bedecken sie mit alten Säcken, Zeitungen oder Decken.

Die Details

Verzieren Sie nun den Garten mit einer Mischung aus Findlingen, großen Kieseln und Felsbrocken, die in den meisten Gartencentern erhältlich sind. Aber auch am Strand findet man manchmal interessante Dekorobjekte wie knorriges, silbrig glänzendes Treibholz.

Beginnen Sie dazu mit der Vorbereitung des Bodens, der mit Kompost und Dünger verbessert sowie mit feinem Kies versehen werden muß, falls es sich um eine sehr schwere Erde handelt. Stellen Sie zuerst die großen und später die kleinen Pflanzen probeweise in ihren Töpfen an den gewünschten Standort und betrachten Sie das Ergebnis. Wenn Sie zufrieden sind, setzen Sie die Pflanzen ein und arrangieren die Steine so um sie herum, daß diese leicht von der Bepflanzung verdeckt werden und damit in die Szenerie integriert werden.

Pflegearbeiten

- Ersetzen Sie die Frühlingsbepflanzung im Sommer durch weißes Fleißiges Lieschen.
- Pflegen und wässern Sie die Pflanzen regelmäßig und entfernen Sie abgefallene oder kränkelnde Blätter und Zweige.
- Bürsten Sie die Stege regelmäßig ab, da das Holz bei feuchtem Wetter rutschig werden kann.

Pflanzenliste

1 *Pinus densiflora* 'Umbraculifera'
2 *Azalea* 'Palestrina'
3 *Fatsia japonica*
4 *Pleioblastus viridistriatus*
5 *Chamaecyparis pisifera*
   'Plumosa Aurea Nana'
6 *Sisyrinchium striatum variegatum*
7 *Acer palmatum* 'Dissectum'
8 *Hosta fortunei*
9 *Pinus mugo* 'Gnom'
10 Zwergnarzissen, Hohe Schlüsselblume und Traubenhyazinthen
11 *Liriope muscari* und
   L. muscari variegata
12 *Azalea kiusianum*
13 *Euphorbia polychroma*
14 Bonsai-Bäumchen

Kapitel 4

Der Eingang

Ganze Nationen werden nach den Eingangsbereichen zu ihren Häusern und Wohnungen beurteilt - egal ob es sich dabei um Paläste oder Schuppen, Hochhäuser oder Wohnboote handelt. Ihre Eingangstür sehen täglich erheblich mehr Menschen als tatsächlich zu Ihnen zu Besuch kommen, und Ihr Vorgarten erfreut sich ständigen Interesses. Ungeachtet dieser Tatsache legen viele Gärtner zwar großen Wert auf die Gestaltung des Gartens hinter dem Haus, vernachlässigen aber den Vorgarten nur allzu häufig. Immer seltener ist der Bereich zwischen dem Haus und dem Bürgersteig gepflegter als beispielsweise der Garagenvorplatz. Ein trauriger, bedauernswerter Umstand, wenn man bedenkt, wieviel Freude der Anblick einer Reihe hübscher Vorgärten dem Passanten schenken kann. Im Frühjahr sind es vielleicht die ersten zarten Mandelblüten, sonnengelben Narzissen oder leuchtenden Forsythien, die den trüben Winterhimmel und den eisigen Ostwind einen Moment vergessen machen, während der Hochsommer durch eine üppig über die Gartenmauer wuchernde Rosenhecke freundlich stimmt. Aber schon der Anblick blütenübersäter Blumenkästen, stilvoller Troge und gefüllter Körbe läßt das Herz leichter schlagen, während man sich durch den dichten Verkehr quält. Wir sind es uns selbst

Oben: Diese einladende Sitzgelegenheit mit den mit Blumengefüllten Ampelgefäßen wird von einem Holzspalier und violetter Waldrebe (Clematis) umrahmt.

Links: Dieser wundervolle, abwechslungsreiche Vorgarten voll üppiger Pflanzen lädt den Besucher zum Verweilen auf der Bank oder zum Erkunden des restlichen Gartens entlang der runden Steinplatten ein.

und allen anderen schuldig, unser Fenster zur Welt so fröhlich wie möglich zu gestalten.

Zunächst einmal müssen Sie überlegen, welche Bepflanzung am besten zum Stil Ihres Hauses paßt. Während Ihr Garten auf der Hausrückseite - wie klein er auch immer sein mag - ein Ort sein kann, an den man sich zurückzieht oder seiner Phantasie freien Lauf läßt, sollte der Vorgarten auf die Architektur der umliegenden Gebäude abgestimmt werden - jedoch nicht im Sinne langweiliger Konformität, sondern als eigenständiges Thema, dem sich Bepflanzung und Design unterwerfen. Ein kunstvolles schmiedeeisernes Gartentor, Säulen oder Balustraden mit kiefernzapfenartigen Steinaufsätzen mögen in einem Buch ganz wundervoll anzuschauen sein, im allgemeinen sollte man sich jedoch mit einem etwas schlichteren Design begnügen - falls man nicht ein wirklich großes Haus oder Anwesen sein eigen nennt. Die Auswahl der Blüten- und Blätterfarben beschränkt sich im gewissen Rahmen auf die Farben der Bausubstanz, der Eingangstür und der Fenster auf der Frontseite, deren farbliche Gestaltung ebenfalls eine wichtige Rolle spielt. Zweckmäßigkeit hat auf jeden Fall Vorrang vor einem zauberhaften Anblick. Kein noch so hübscher Eingangsbereich erfüllt seine Auf-

gabe, solange man nicht auch hineingelangt - und zwar problemlos, ohne durchnäßt oder von Dornen zerkratzt zu werden bzw. vom Weg abzukommen. Der Gartenweg muß so rutschfest und breit sein, daß Bewohner und Besucher ungehindert zum Haus gelangen, auch wenn ein heftiger Regenguß die Bepflanzung auf beiden Seiten zu Boden gedrückt hat. Außerdem sollte der Eingangsbereich gut beleuchtet sein und durch den Stil des Vorgartens eine einladende Atmosphäre schaffen. Möglicherweise müssen Sie weitere Überlegungen bei der Gestaltung Ihres Vorgartens miteinbeziehen: Benötigen Sie eine feste Stellfläche für Fahrzeuge oder Fahrräder? Falls Sie gezwungen sind, Ihren kostbaren Eingangsbereich mit einem Wagen zu teilen, sollten Sie eine kräftige und robuste Bepflanzung anlegen, da nur wenige Besucher Rücksicht auf Ihre zarten Sträucher nehmen, wenn sie bei Regen schnell ins Haus gelangen möchten. Wo wird Ihre Mülltonne stehen? Wenn sie ihren Stellplatz ebenfalls im Vorgarten hat, müssen Sie darauf achten, daß sowohl Sie selbst als auch die Männer von der Müllabfuhr problemlos an die Tonne herankommen. Niemand schätzt es, sich an einem dunklen Wintermorgen durch dornige Sträucher einen Weg zur Mülltonne zu bahnen. Wenn Ihre Familie die Fahrräder im Vorgarten abstellt, sollten Sie genügend Rangierfläche lassen. Liegt Ihre Eingangstür tiefer oder erhöht? Können Sie den eventuell überdachten Eingangsbereich mit einem Pflanzkübel auflockern? In welche Richtung zeigt der Eingang, und nutzen Sie den Bereich vor oder hinter dem Haus intensiver?

Auch auf die Sicherheit des Eingangsbereichs sollte man heutzutage großen Wert legen. In Städten ist es nicht sehr ratsam, eine dichte Hecke anzulegen, hinter der sich potentielle Einbrecher völlig unbeobachtet in aller Ruhe überlegen können,

Oben: *Die klaren gelben Blüten der* Rosa banksiae *'Lutea' schmücken die Mauern dieses Hauses, während die Bepflanzung der Töpfe unterhalb des Fensters mit jeder Jahreszeit wechselt.*

Links: *Dieser sonnige und geschützte, aber winzig kleine Vorgarten ist mit wunderschön bepflanzten Kübeln begrünt, deren Farben sich harmonisch in diesen Ort der Ruhe einfügen.*

Gegenüberliegende Seite: *Diesen Eingangsbereich mit seinem winzig kleinen Vorgarten und dem schlichten Holztor verzieren* Rosa *'Golden Shower' und Goldregen (*Laburnum*). Ihr heiteres Gelb bildet einen schönen Kontrast zur gefleckten Stechpalme (*Ilex*) und dem anderen Blattwerk.*

auf welchem Wege sie am besten ins Haus gelangen. Eine helle Beleuchtung, die in den Torbogen eingelassen oder an der Mauer befestigt werden kann und sich bei menschlicher Wärme über einen Sensor von selbst einschaltet, hält nicht nur unerwünschte Besucher fern, sondern bietet auch den Bewohnern mehr Sicherheit, wenn sie im Dunkeln heimkehren. Dekorative Kübel und andere bewegliche Dekorobjekte sollten außerdem mit Hilfe von Beton, einer Kette oder mehreren Nägeln fest im Vorgarten verankert werden.

Die Gestaltung des Eingangs

Alle von mir bewunderten Vorgärten besitzen einige Gemeinsamkeiten. Schlichtheit ist das oberste Gebot: Zu kunstvolle, gedrehte oder verschnörkelte Verzierungen, eine zu große Pflanzenvielfalt und viele verschiedene Bepflasterungsarten wirken sich nachteilig auf den Gesamteindruck aus. Außerdem sollte der Vorgarten das ganze Jahr über einen attraktiven Anblick bieten; achten Sie daher auf Bäume und Sträucher, die auch im Winter hübsch anzusehen sind, und legen Sie ebenso viel Wert darauf wie auf Ihre blühenden Sommerbeete.

Die meisten Gestaltungsideen lassen sich in zwei Kategorien einteilen: Entweder setzen Sie Ihre Pflanzen direkt in die Erde oder Sie begrünen Ihren Eingangsbereich mit Pflanzen in Kübeln und Töpfen. Tatsächlich können Sie den gesamten Vorgarten ausschließlich mit Urnen, Töpfen und anderen Pflanzgefäßen gestalten, die dann entweder als geselliges Grüppchen direkt vor der Eingangstür stehen oder bei einem formalen Ansatz in gerader Linie aufgestellt den Weg vom Bürgersteig zur Tür flankieren. Falls Sie sich für Kübelpflanzen entscheiden, sollten Sie darauf achten, daß es sich bei den meisten um im-

mergrüne Gewächse handelt und nur einige Töpfe eine jahreszeitliche Bepflanzung erhalten, die das Ganze auflockert.

Falls Sie sich jedoch dazu entschließen, die Pflanzen direkt in den Boden zu setzen, sollten Sie die Lage des Gartens noch einmal bedenken. Zeigt Ihr Eingangsbereich Richtung Norden oder Osten, empfiehlt es sich, schattenliebende Pflanzen zu verwenden und den Vorgarten zum größten Teil zu bepflastern oder mit Kieselsteinen zu versehen; auf einen Rasen sollten Sie lieber verzichten. Zeichnet sich Ihr Garten jedoch durch eine sonnige Lage aus, stehen Ihnen zahlreiche Pflanzen zur Auswahl. Dennoch sollten Sie sich um einen schlichten und daher umso bemerkenswerteren Gesamteindruck bemühen. Am besten nehmen Sie eine blühende Pflanze für jede

Jahreszeit und kombinieren sie nur mit den Farben anderer Blattpflanzen (und nicht mit weiteren Blüten) - beispielsweise eine gelbe Kletterrose im Sommer vor einer großblättrigen winterharten *Tellima grandiflora* 'Purpurea' und einer langsam wachsenden Hängebirke (*Betula pendula* 'Purple Splendour').

Auch in bezug auf das Design, das von verschiedenen Faktoren - etwa der Größe des Gartens - abhängt, stehen Ihnen zahlreiche Möglichkeiten offen. Falls es sich einrichten läßt, könnten Sie den Vorgarten durch unterschiedlich hohe Ebenen interessanter gestalten, wobei der Weg auf einem Niveau bleibt und die Bereiche links und rechts des Pfades um die Höhe eines Ziegelsteins abgesenkt oder höhergelegt werden. Oder Sie flankieren den Weg mit einer kleinen Hecke und heben die dahinterliegenden Bereiche auf die Höhe der Hecke an (die regelmäßig geschnitten werden sollte). Was halten Sie von abgesenkten Bereichen, denen sich an der Grenze zum Nachbargrundstück oder zur Straße wieder erhöhte Beete anschließen? Falls der Vorgarten nach Süden oder Westen weist, könnten Sie ihn etwas absenken, anschließend pflastern, auf beiden Seite eine Hecke pflanzen und eine Bank aufstellen, die von Lilien, Gartenwicke (*Lathyrus odoratus*) und Rosen umrahmt wird und so ein verstecktes Plätzchen zum Verweilen bietet.

Einige Bauern- oder Landhäuser verlangen förmlich nach einem gewundenen oder leicht geschwungenen Pfad zum Eingang. Aber denken Sie daran, daß mancher Besucher (oder Bewohner) der Versuchung nicht widerstehen kann, eine Abkürzung zu nehmen. Daher legen Sie den Pfad am besten in großen Bögen an oder flankieren ihn mit niedrigen dornigen Sträuchern, die das Abweichen vom Weg

verhindern. Dennoch empfiehlt es sich im allgemeinen, den Weg direkt und ohne große Umschweife von der Gartenpforte zum Haus zu führen. Anstatt von Besuchern zu erwarten sich in Schlangenlinien dem Haus zu nähern, sollten Sie lieber eine interessante Bepflanzung wählen.

Ideen für die Bepflanzung

Eine zurückhaltende Bepflanzung mit schlichten Formen paßt zu jedem Gartenstil (es sei denn, es handelt sich um einen üppigen Bauerngarten): Eine einzelne Kamelie oder Magnolie in einem Kieselsteinbeet mit einer niedrigen Hecke zur Straße; eine Hecke aus goldenem Buchsbaum, wobei die Gartenpforte und die Eingangstür von kleinen Formbäumchen in Kübeln flankiert wird oder kleine Thymiansträucher, die einen gepflasterten Weg säumen und manchmal auch darüberwuchern.

In winzigen Vorgärten empfiehlt es sich, alle Pflanzen eine Nummer kleiner zu

wählen: Legen Sie unterhalb des Fensters eine Vertiefung an, damit die eingesetzten Pflanzen - Zwerggänseblümchen, kleine Strauchveronika (*Hebe*), Gebirgspflanzen und Fetthenne (*Sedum*), Glockenblumen (*Campanula*), Zwergphlox, Berufkraut (*Erigeron*) und Veilchen (*Viola*), Binsenlilie (*Sisyrinchium*), Steinbrech (*Saxifraga*) sowie ein oder zwei Zwergkoniferen - auch gut zu sehen sind. Auf diese Weise entsteht mit einigen Steinplatten zwischen den Pflanzen (die die Pflege und das Unkrautjäten erleichtern) ein schlichter alpiner Garten.

Ich kenne einen wundervollen, nach Westen gerichteten Vorgarten mit einer Größe von etwa 3 x 3 m, durch den auf einer Seite ein Weg zum Haus führt. Der Bereich unter dem Fenster wurde mit Hilfe von Ziegelsteinen (die kleine Wege bilden) in vier winzige Quadrate unterteilt. Die Mitte des Gartens beherrscht ein Kreis, in dem sich ein großer, leicht erhöhter, drachenverzierter Topf aus Thailand mit Lilien und Efeu-Pelargonien (im Sommer), kleinen Narzissen sowie Traubenhyazinthen (im Frühling) und Stiefmütterchen (im Winter) befindet. Jedes Quadrat erscheint wie ein winziger Bauerngarten mit üppigem Salbei (*Salvia farinacea*), Gartenraute, Thymian, Zwergrosen, halbhohen Patio-Rosen, einem Stachelbeerstrauch, kleiner Strauchvero-

Links: *Die zartrosafarbenen und weißen Blüten dieses winzigen Gartens am Meer, das sich im Hintergrund in leuchtendem Blau präsentiert, passen perfekt zum schlichten, weißen Tor und den sauberen Holzstegen des Gartenwegs.*

Ganz links: *Die üppige Pflanzenpracht von Fuchsien (*Fuchsia*), Nelken (*Dianthus*), Pelargonien (*Pelargonium*), Geißblatt (*Lonicera*) und Waldrebe (*Clematis*) ist ein wunderschönes Beispiel für eine gelungene Bauerngartenbepflanzung.*

nika und Zwergazaleen, silbernem Beifuß (*Artemisia*) und Nelken (*Dianthus*). Die Pflanzen müssen regelmäßig gepflegt werden; sie sind umsäumt von einer lockeren Randbepflanzung aus Orangenblumen (*Choisya arizonica* 'Aztec Pearl') auf der Straßenseite und sorgfältig beschnittenem Kreuzdorn (*Rhamnus alaternus* 'Argenteovariegata') an der Grenze zum Nachbargrundstück. Das kleine Beet neben der Eingangstür teilen sich eine Waldrebe und eine Rose, während auf der anderen Seite des Erkerfensters ein hochwachsender Rosmarin für einen schönen Ausgleich sorgt. Die einzigen anfallenden Pflegearbeiten bestehen darin,

die Bepflanzung regelmäßig zu düngen, zurückzuschneiden und dreimal jährlich durch neue Pflanzen zu ersetzen.

Einen stilistisch ähnlichen, aber nach Norden gerichteten Garten versehen Sie am besten mit einem erhöhten Beet vor der Gartenmauer. Dahinter wird eine niedrige Hecke aus goldfarbenem Liguster angelegt, an die sich ein *Prunus subhirtella* 'Autumnalis' anschließt, der wiederum von weißen Hortensien (*Hydrangea macrophylla* 'Madame Emile Mouillière') umgeben ist. Ein gegen das Haus gelehnter Spalierbogen könnte als Kletterhilfe für eine Kletterhortensie (*Hydrangea petiolaris*) dienen und gleichzei-

Oben: Ein Kräutergarten eignet sich hervorragend für einen sonnigen Vorgarten, da er diesen mit kräftigen Strukturen und zartem Duft erfüllt. Das gleichmäßige Muster aus Bepflasterung, Randeinfassungen und Kieselsteinchen bildet einen interessanten Kontrast zur üppigen Pflanzenpracht, die über die Ränder der Beete wächst.

tig die Mülltonnen abdecken, während das Beet auf einer Seite von einer gefleckten Stechpalme eingefaßt wird und auf der anderen Seite von einer Mahonie. Dieses weiße Pflanzschema ließe sich mit einem großen Terrakottakübel - mit weißen Fleißigen Lieschen im Sommer sowie weißblühender Erika im Winter - an der Eingangstür sowie silbern schimmernden Efeuranken fortsetzen. Auf diese Weise entsteht ein schlichter, pflegeleichter Vorgarten für vielbeschäftige Gärtner, der nur einmal jährlich gemulcht und zurückgeschnitten werden muß.

Viele Stadthäuser besitzen lediglich einen Vorgarten. In diesem Fall könnten Sie mit Hilfe eines formalen, eher strengen Ansatzes einen auffallend schönen Garten gestalten. Ein Pfad aus Natursteinplatten könnte zur Haustür führen, der auf einer Seite von einer keilförmig beschnittenen und mit Kugelbäumchen flankierten Eibenhecke eingefaßt wird. Auf der anderen Seite des Weges steht eine silberfarbene Buchsbaumhecke (*Buxus sempervirens* 'Elegantissima'), die von halbgroßen Kugeln in regelmäßigen Abständen unterbrochen ist. Die Oberkante der Hecke sollte mit einem danebenliegenden, erhöhten Natursteinbereich bündig abschließen, in dessen Mitte Sie eine elegante Steinurne auf einem Sockel plazieren. Eine im Garten gelegene Mülleimerstellfläche ließe sich vielleicht mit einem erhöhten Beet kaschieren, das mit *Choisya ternata* bepflanzt ist, während in einem Beet an der Mauer zur Straße hin zwei Buchsbäumchen sowie *Skimmia* und kleines geflecktes Immergrün (*Vinca*) wachsen könnten.

Die meisten modernen Wohnanlagen bestehen aus zahlreichen Wohnungen, die einen gemeinsamen öffentlichen Eingangsbereich besitzen. Falls Sie sich also den Garten mit anderen Mietern teilen, sollten Sie Ihren geplanten Entwurf mit dem der anderen Bewohner vergleichen und bewußt auf die Elemente verzichten, die aus der Umgebung auf unangenehme Weise herausragen würden. Wenn Sie sich etwas Privatsphäre schaffen möchten, könnten Sie eine hohe Konifere gegen die Hauswand pflanzen; der Nadelbaum setzt einen kräftigen Akzent.

Auch in diesem Fall sollten Sie bei der Wahl der Pflanzen wieder auf die Lage des Gartens achten. Für einen schattigen Eingangsbereich eignen sich robuste immergrüne Gewächse am besten, die von winterharten Pelargonien, niedrigem Spindelstrauch (*Euonymus*), Berberitze (*Berberis*) oder *Bergenia* sowie Elfenblumen (*Epimedium*) aufgelockert werden. Einen sonnigen Eingang könnten Sie mit sorgfältig beschnittenem *Pittosporum* 'Limelight' und einer sich ausbreitenden *Brachyglottis* 'Sunshine' begrünen. Aber auch die bienenfreundliche *Cotoneaster horizontalis* mit ihrer fischschwanzartigen Musterung bietet sich für einen solchen Garten an.

Oben: Die klare Strenge dieses eleganten Stadthauses mit seinem dekorativen Eingangsbereich und dem schlichten, schmiedeeisernen Geländer wird durch die sich wiederholenden Linien der immergrünen Hecken noch verstärkt, während der kleine Baum dem Garten zusätzliche Höhe und Struktur verleiht.

Falls Sie auf zeitaufwendige Pflegearbeiten verzichten möchten, empfiehlt es sich, ein schlichtes Design mit einer unverwüstlichen Pflanzenpracht zu wählen - und sich an der einladenden Atmosphäre eines wohlgepflegten Vorgartens zu erfreuen.

Ein Vorgarten

Das eigentliche Ziel dieses dekorativen und relativ pflegeleichten Gartens mit seiner hochsommerlichen Blütenpracht besteht darin, die Steinplatten teilweise durch überwuchernde Pflanzen zu verdecken. Genau gegenüber des Fensters befindet sich ein großer Kübel, der je nach Jahreszeit mit unterschiedlichen Pflanzen gefüllt werden kann.

Der Boden erfordert allerdings einige vorbereitende Maßnahmen: Sie müssen ihn sorgfältig umgraben und alle Unkräuter entfernen. Falls die Erde zu schwer ist, vermischen Sie sie einfach mit Kompost, Torfersatzsubstrat oder feinen Kieselsteinchen. Die Pflanzen sollten zu Dreier-, Fünfer- oder Siebenergrüppchen (jedoch keine geraden Zahlen) kombiniert werden, wobei sich der Eindruck eines Schachbretts dadurch verhindern läßt, daß man die Pflanzen locker und in Bögen arrangiert und nicht in massiven Blöcken. Auf diese Weise können sie ineinanderwachsen.

Für die Rosen empfiehlt es sich, auf beiden Seiten der Tür tiefe Löcher zu graben, die jedoch mindestens 46 cm von der Mauer entfernt liegen müssen. Anschlie-

ßend versehen Sie den Boden mit gut verrottetem Stallmist und düngen die ausgehobene Erde, die zum Auffüllen der Löcher dient, mit gemischtem Kompost und Spezialdünger. Dann wird die Mauer mit Drähten (als Kletterhilfe für die Rosen) ausgestattet.

Plazieren der Steinplatten

Positionieren Sie die beiden ersten Steinplatten so, daß sie in einer Linie zur Fenstermitte liegen. Dann ziehen Sie mit Hilfe zweier Stöcke und einer Schnur (die wie ein Zirkel eingesetzt werden) einen Kreis in die Erde. Sie können den Kreis aber auch mit einem Gartenschlauch andeuten. Anschließend plazieren Sie die restlichen vier Platten in gleichmäßigen Abständen entlang des Kreises.

Verlegen der Steinplatten

Heben Sie die Bereiche für die Platten etwa 13 cm tief aus und treten Sie den Boden fest. Danach füllen Sie die Vertiefungen mit einer Mörtel-Mischung aus Sand

und Zement im Verhältnis 5:1, verlegen die Platten so, daß sie etwas aus dem Boden ragen und stampfen sie mit einem Holzhammer fest.

Pflegearbeiten

- Entfernen Sie in den ersten Jahren auftauchende Unkräuter regelmäßig.
- Überprüfen Sie in regelmäßigen Abständen, ob die Pflanzen sich nicht gegenseitig erdrücken.
- Beschneiden Sie die Lavendelhecke im Spätsommer nach der Blütezeit.
- Abgestorbene Blätter und braunverfärbte Blüten der *Bergenia* müssen stets entfernt werden.
- Die Rosen sollten im Frühling mit einem Rosendünger versorgt und im Herbst mit Stallmist gemulcht werden.
- Besprühen Sie die Rosen gegebenenfalls rechzeitig mit einem zugelassenen Pflanzenschutzmittel gegen Blattläuse, Sternrußtau und Mehltau.
- Nach einiger Zeit sollten sich stark ausbreitende Pflanzen ausgedünnt und überzählige in Töpfe gesetzt werden.

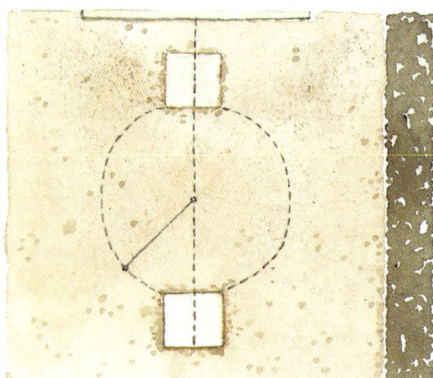

Plazieren der Steinplatten

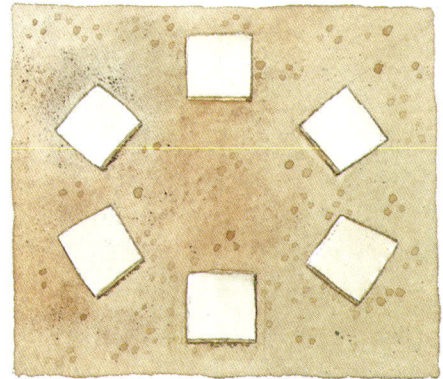

Verlegen der Steinplatten

Pflanzenliste

1 *Rosa* 'Little White Pet'
2 *Skimmia* 'Bowles' Dwarf Male' und
   S. 'Bowles' Dwarf Female'
3 *Erigeron karvinskianus*
4 *Sisyrinchium striatum*
5 *Cyclamen coum album*
6 *Erysimum* 'Bowles' Mauve'
7 *Thymus* x *citriodorus* 'Aureaus'
8 *Teucrium chamaedrys*
9 *Stachys byzantina* 'Silver Carpet'

10 *Heliotropium* 'Princess Marina',
    Helichrysum petiolare
    'Limelight' und rankende
    Verbena 'Loveliness'
11 *Heuchera micrantha*
    'Palace Purple'
12 *Hebe pinguifolia* 'Pagei'
13 *Lysimachia nummularia*
14 *Ophiopogon planiscapus*
    'Nigrescens' und *Lilium* 'Apollo'
15 *Festuca glauca*
16 *Carex oshimensis* 'Evergold'

Auf der linken Seite des Weges:
• *Lavandula angustifolia* 'Hidcote'

Neben der Tür:
• *Rosa* 'Golden Showers' (*links*)
• *Rosa* 'Iceberg' (*rechts*)

Auf der rechten Seite des Weges:
• *Bergenia* 'Silberlicht' sowie *Narcissus* 'February Gold', *N.* 'February Silver und *N.* 'Tête-à-Tête' im Frühling

Kapitel 5

Durchgänge und Passagen

Nur allzu häufig wird die schmale Passage, die neben dem Haus zum Garten auf der Hausrückseite führt, vernachlässigt oder als Abstellfläche für Liegestühle, verwelkte Zimmerpflanzen oder altes Grillzubehör verwendet. Aber inzwischen erobern immer mehr wagemutige Architekten und platzhungrige Familien diese an das Nachbargrundstück angrenzende Fläche, indem sie sie mit einem Glasdach versehen und als Erweiterung der Küche bzw. als Kinderspielplatz nutzen. Denn falls ein Raum an diesen schmalen Durchgang angrenzt und eine hohe Terrassentür eingebaut werden kann, gewinnt man sofort einige Meter kostbare Gartenfläche und das Gefühl von mehr Platz.

Selbst der düsterste und langweiligste Durchgang läßt sich mit einigen Tricks in einen attraktiven Garten verwandeln: ein Anstrich in einer hellen Farbe, Spaliergitter an einer Mauer, ein Wandbrunnen gegenüber einem Fenster oder eine große, dekorative und mit Efeu gefüllte Schale. Falls Sie zusätzliche Lager- oder Stellfläche für Gartenutensilien oder sonstigen Kleinkram benötigen, können Sie aus Ziegelsteinen eine einfache Konstruktion bauen, deren oberstes Regal einen Kasten für Pflanzen beherbergt. Oder Sie errichten ein »Spalierhaus«, das von Efeu voll-

Oben: Diese Kombination aus Wandgemälde und dekorativem Spaliergitter, die die Bepflanzung auflockert und erhellt, bietet eine ideale Möglichkeit, das Beste aus einer winzigen Fläche zu machen.

Links: Ein einst vernachlässigter Durchgang wurde in einen attraktiven Garten verwandelt. Die erhöhten Beete sind mit Kletterpflanzen begrünt, deren Blattwerk einen hübschen Kontrast zur weißgestrichenen Mauer bildet.

ständig überwuchert wird. Eine solche Konstruktion bietet zwar keinen Schutz vor Regen, aber darunter lassen sich sämtliche Gartengeräte und -utensilien geschickt verbergen, und der Efeu kann außerdem problemlos gepflegt werden.

Falls Sie vom Haus aus in die Passage hineinschauen (also nicht auf die gegenüberliegende Wand), lohnt es sich, eine interessante »Aussicht« zu schaffen. Installieren Sie etwa auf der Hälfte einen Spalierbogen und drapieren Sie ihn mit pflegeleichten Kletterpflanzen wie Waldreben der *Viticella*-Gruppe oder Goldhopfen (*Humulus lupulus* ‘Aureus’), deren hübsche Blüten die Aussicht auf den dahinterliegenden Garten umrahmen.

In der Stadt ist der Boden solcher Durchgänge meist vollständig mit Beton ausgegossen, der nur von Abflußlöchern unterbrochen wird. Als attraktive Lösung für einen solch tristen Anblick bieten sich Kieselsteine an, die in allen möglichen Größen und Formen erhältlich sind und dem persönlichen Geschmack entsprechend ausgewählt werden können. Ihr Garten wird sofort heller und interessanter wirken. Sie müssen lediglich die in abgepackten Säcken gekauften Kieselsteine über den Beton streuen und mit einer Harke oder einem Rechen gleichmäßig verteilen, um eine unansehnliche Umgebung in eine hübsche und einladende Fläche zu verwandeln. Außerdem lassen sich die Kieselsteine problemlos fegen oder gegebenenfalls beiseite kehren, wenn einmal ein schneller Zugang zu einem Kanaldeckel erforderlich ist; darüber hinaus gedeihen Pflanzen in Kübeln auf solch einem Untergrund besonders gut.

Falls Ihr Fenster parallel zur Passage liegt, könnten Sie vielleicht genau gegenüber einen interessanten Blickfang anbringen, beispielsweise einen von Rankpflanzen umgebenen Spiegel, der leicht geneigt ist, so daß Sie nicht nur Ihr eigenes Spiegelbild sehen. Wenn Sie zusätzlich einen Spotstrahler installieren, haben Sie auch nachts einen attraktiven Anblick. Darüber hinaus ließe sich der Spiegel mit Hilfe von gestrichenen Holzlatten in ein falsches Fenster verwandeln, unter dem sich ein Blumenkasten mit schattenliebendem Farn, Efeuranken oder Fleißigem Lieschen befindet. Mit Zustimmung Ihres Nachbarn (falls notwendig) könnten Sie auch die gesamte Mauerkrone mit Blumenkästen begrünen, die mit Efeu, Waldrebe, Glockenblumen oder *Tolmeia menziesii* bepflanzt sind und die Wand von oben herab mit ihren Ranken verschönern. Eine sonnenbeschienene Mauer eignet sich auch für lichtliebende Pflanzen wie Sonnenröschen (*Helianthemum*), Bärenohr (*Arctotis*), Wicke (*Lathyrus latifolius*), Mittagsblume (*Mesembryanthemum*), Lobelien sowie Pelargonien und Verbenen.

Praktische Lösungen

Die beste Gestaltungsidee für lange, schmale Durchgänge besteht meist darin, entlang einer der beiden Mauern erhöhte Beete anzulegen und diese mit hochwertigem Blumensubstrat zu füllen. Eine Passage, die in einen offenen, nach Süden weisenden Garten führt, bietet sich manchmal als willkommenes schattiges Plätzchen für Pflanzen an, die die warmen, hellen Standortbedingungen des Gartens nicht vertragen. Hier kommen duftende Pflanzen in erhöhten Beeten sehr schön zur Geltung. Im Schatten fühlen sich Seidelbast (*Daphne odora*), *Sarcococca humilis*, Orangenblume (*Choisya ternata*) und Geißblatt (*Lonicera fragrantissima*) besonders wohl, während Klebsame (*Pittosporum tobira*) und Katzenminze (*Nepeta*) einen sonnigen Standort vorziehen.

Häufig blickt man von einem Seitenfenster auf ein fast identisches, spiegelbildlich angeordnetes Fenster im Nachbargebäude. Falls die Höhe der Mauer es gestattet, könnten Sie diese mit einem Spaliergitter krönen, das durch eine Bepflanzung zusätzliche Privatsphäre bietet. Darüber hinaus empfiehlt es sich, die Mauer zum Nachbargrundstück und die eigene

Links: Durch den Wechsel innerhalb des Bodenbelags - von Holzstegen zu Kieselsteinpfaden - und die dezente Beleuchtung in Kombination mit den kräftigen Blattpflanzen entstand ein einladender Durchblick vom Garten zum Haus.

Hauswand weiß anzustreichen und mit erhöhten Beeten auszustatten. Der lange und schmale Gesamteindruck einer solchen Passage läßt sich mit einem zweiten erhöhten Beet im hinteren Bereich auflockern, in dem Pflanzen unterschiedlicher Höhe gedeihen. Vielleicht können Sie aber auch ein Beet an einer der Mauern ausheben und mit Kletterpflanzen und einer niedrigen Bepflanzung zu deren Füßen begrünen.

Manchmal reicht die Trennmauer zum Nachbargrundstück bis in die zweite Etage, so daß Sie von der Küche oder einem anderen Zimmer auf eine schmucklose Wand blicken. Die Zustimmung Ihres Nachbarn vorausgesetzt, könnten Sie die gesamte Mauer mit Spaliergitter versehen, um sie vollständig mit *Hydrangea petiolaris*, Efeu oder Jungfernrebe zu bedecken. Falls Sie sich mit Ihrem Nachbarn nicht einig werden, käme vielleicht ein kleines *trompe l'œil*-Gemälde (siehe Seite 24) in Betracht: Bemalen Sie die Mauer mit einem Fenster inklusive Landschaftsansicht und lassen Sie Ihre Kletterpflanzen darumherum ranken.

Eine breitere Fläche zwischen zwei Häusern bietet natürlich mehr Möglichkeiten. Sie könnten beispielsweise einen Schuppen gegen eine der Mauern setzen, in dem Sie Ihre Gartenmöbel und Geräte aufbewahren, und den Schuppen mit einem großen Blumenkasten mit leuchtend bunten Pflanzen schmücken. Falls der Durchgang breit genug ist, ließe er sich auch in einen eigenständigen Garten verwandeln. Wie wäre es mit einem Pfad, der sich durch die Passage windet und von einer unterschiedlich hohen und breiten Bepflanzung flankiert wird? Außerdem könnten Sie diesen Bereich mit einem leise plätschernden Springbrunnen und dezenter Beleuchtung aufwerten, so daß die Passage auch nachts einen attraktiven Anblick bietet.

Falls sich ein sonniger Garten an die Passage anschließt, ließe sich der Durchgang als schattiges Plätzchen zum Verweilen und Ruhen nutzen oder als Stellfläche für Ableger und Sämlinge, bis diese kräftig genug zum Aussetzen sind. Ein solcher Durchgang eignet sich aber auch hervorragend als Ruheplatz für verblühte oder noch nicht erblühte Zwiebelgewächse in Kübeln und Töpfen, und selbst Blumenerde läßt sich hier gut aufbewahren. Wenn Sie aber eine sonnige Passage Ihr eigen nennen, könnten Sie diese mit Hilfe von Rosen, Waldrebe, Geißblatt und Säckelblume über einem Spalierbogen in

Oben: Die luftige Eleganz dieses Durchgangs mit seinem hellen Kieselsteinbelag wird durch die Formbäumchen und die violetten Stiefmütterchen zusätzlich unterstrichen.

einen wundervoll duftenden Tunnel verwandeln, während der Weg von Lavendelbeeten gesäumt ist.

Noch schöner kommt eine unansehnliche Passage zur Geltung, wenn man sie mit einem Wassergraben oder einem erhöhten Wasserbecken ausstattet. Den Wasserlauf versieht man in regelmäßigen Abständen mit kleinen Trittflächen oder Brücken,

49

die als Stellfläche für Kübel mit Farnen, Japanischem Ahorn und wasserliebendem Ried oder Gras dienen. Oder wie gefällt Ihnen ein kleiner Bach mit verschiedenen plätschernden Wasserdüsen oder ein schlichter Wasserlauf mit ein oder zwei, auf Ziegelsteinpfeilern ruhenden Statuen?

Ein Durchgang bietet sich aber auch als Standort für Wasserspiele oder einen Brunnen an, der sanft von einem Spotstrahler an der Hauswand angestrahlt wird oder sogar mit einer Unterwasserbeleuchtung ausgestattet ist. Allerdings benötigen Sie sehr viele Lampen, um

Oben: Der erhöhte Teich in dieser stillen Passage, mit seiner Statue und den Seerosen, wird von mehreren Kübeln flankiert, die ganz einfach mit einem Lorbeerbäumchen und weißen Petunien schlicht bepflanzt sind.

solch eine dunkle Ecke in eine nächtliche Attraktion mit plätscherndem Wasser und dezenter Beleuchtung zu verwandeln, an der Sie sich vom Wohnzimmer aus erfreuen können. Manchmal ragt auch eine angrenzende Mauer rechtwinklig in die Passage hinein; diesen Mauervorsprung könnten Sie ausbauen,

mit einem Wandbrunnen und Farntöpfen zu seinen Füßen versehen und nachts mit Spotstrahlern illuminieren.

Ideen für die Bepflanzung

Für Durchgänge mit erhöhten Beeten eignen sich am besten schattenliebende Pflanzen wie Kamelie, Liguster, *Skimmia*, Bambus, *Sarcococca*, *Fatsia japonica*, Aukube oder Kletterpflanzen wie etwa *Akebia quinata*, *Hydrangea petiolaris*, Efeu und *Parthenocissus quinquefolia*, die außerdem für zusätzliche Höhe sorgen, während Fleißiges Lieschen und robuste Begonien den Garten mit sommerlichen Farbtupfern aufheitern.

Wenn Sie keine erhöhten Beete anlegen möchten, könnten Sie einen kleinen Graben entlang der Mauer ausheben und mit *Fatsia japonica* oder *Clematis armandii* bepflanzen oder verschiedene Kübelpflanzen entlang der Wand aufstellen. Begeisterte Gärtner werden wahrscheinlich sämtliche potentielle Stellflächen mit Töpfen und Blumenkästen bestücken, um den Garten auf jede erdenkliche Weise zu verzieren, während vielbeschäftigte Hauseigentümer sich vielleicht mit einer schön gewachsenen Kamelie in einem Kübel oder einem attraktiven *Prunus lusitanica* begnügen. Kübel und andere Pflanzgefäße sind heutzutage in einer Vielzahl von Formen und Größen erhältlich, wodurch sie sich hervorragend für schmale Durchgänge und Passagen eignen. Jardinièren im Stil der viktorianischen Zeit, große, mit Ornamenten verzierte Töpfe oder Gitterständer mit einer flachen und einer geschwungenen Seite lassen sich problemlos vor eine Wand stellen und mit Farnen begrünen. Dazu passen verschiedene Blumenampeln, die ebenfalls mit Farngewächsen bepflanzt sind. Kleine Ecken können mit keilförmigen Terrakottagefäßen ausgefüllt und mit

Geißblatt bestückt werden, während hohe, mit leuchtend bunten Begonien bepflanzte Tongefäße, die man in Baumärkten als Schornsteinkappen findet, auch dunkle Ecken aufhellen.

Auf dem Land oder in kleinen Städten dient der Durchgang häufig als Verbindung von der Straße zu einem Seiteneingang oder einem seitlich gelegenen Haupteingang. Ein solcher Eingangsbereich ist jedoch aufgrund der Enge und seiner schattigen Lage nicht leicht zu bepflanzen. Hierfür eignet sich am besten eine robuste, immergrüne Bepflanzung in einem Beet entlang der Hausmauer - mit *Bergenia*, Johanniskraut (*Hypericum*) oder *Liriope muscari* -, begleitet von einer Kamelie, die neben der Tür einladend und beruhigend wirkt. Breitere Bereiche könnten mit einer Hecke aus Fuchsien oder Hortensien versehen werden, während Baldrian (*Valeriana*) in den Fugen zwischen den Steinplatten gedeiht. Dagegen bietet sich eine sonnige Passage für eine aromatische Rosmarinhecke (*Rosmarinus officinalis*) an, die Ihre Besucher mit ihrem betörenden Duft erfreut, sobald sie an ihr entlangstreifen.

Rechts: Dieser halb aus einem Wassergraben und halb aus einem Pfad bestehende Durchgang bietet eine kostbare Stellfläche für schattenliebende Pflanzen und eignet sich darüber hinaus als willkommene Rückzugsmöglichkeit aus dem dahinterliegenden, sonnendurchfluteten Garten.

Ein schmaler Seiteneingang

Viele Häuser besitzen einen schmalen Eingang an der Seite, der von einer Ziegelsteinmauer oder dem Nachbarhaus begrenzt wird. Dieser meist trübe, beengende Durchgang läßt sich jedoch in einen stilvollen Garten verwandeln, wenn man statt des Bodens die Mauerfläche bepflanzt. Denn zusätzlich zu den Kübelpflanzen auf dem Boden empfiehlt es sich, die Mauer mit einem Spaliergitter zu versehen und dieses mit zahlreichen Farnpflanzen zu begrünen. Das Spalier bietet mit seinen im Laufe der Zeit sanft verblassenden Farben einen hübschen Anblick. Auf diese Weise entsteht eine lebendige Wand mit Blattwerk in den unterschiedlichsten Schattierungen, die das Spalier nahezu unsichtbar werden läßt.

Montage der vertikalen Latten

Messen Sie zuerst die Wand aus, damit Sie berechnen können, wieviele Latten Sie benötigen. Die etwa 4 cm breiten und 2 cm dicken Latten sollten mit dunkelgrünem Holzschutzmittel vorbehandelt werden, bevor man sie an der Wand montiert.

Befestigen Sie zuerst alle vertikalen Latten mit Hilfe von Schrauben und Wanddübeln an der Mauer. Achten Sie dabei darauf, daß die Schrauben nicht direkt an den Enden der Latten eingeschraubt werden, da sonst nicht genügend Raum für die horizontalen Latten bleibt.

Montage der horizontalen Latten

Dann nageln Sie die horizontalen Latten auf die vertikalen, so daß etwa 30 cm große Quadrate entstehen. Auf diese Weise haben Sie später genügend Platz für die Töpfe. Die oberste Latte sowie jede andere, an der Sie etwas aufhängen möchten, sollten zusätzlich mit Schrauben und Dübeln an der Mauer befestigt werden. Achten Sie dabei auf eine leicht versetzte Montage der Schrauben, damit das Gewicht später gleichmäßig über alle Latten verteilt ist.

Montage der Wandgefäße

Suchen Sie mit Hilfe des Bohrlochs in der flachen Rückwand eines leeren Terrakottatopfs verschiedene geeignete Stellen zum Aufhängen. Markieren Sie die Stellen mit einem dünnen Stift. Wenn die Löcher gebohrt sind, setzen Sie zuerst die Dübel und drehen dann die langen Schrauben ein. Die Schrauben bieten den Töpfen genügend Halt, solange sie ein Stück aus der Wand ragen und leicht schräg nach oben gerichtet sind.

Anschließend fertigen Sie aus einfachen grünen Kunststofftöpfen (mit einem Durchmesser von mindestens 26 oder 30 cm) mehrere Hängetöpfe, indem Sie kleine dreibeinige Halterungen mit einem Haken an einem Ende daran befestigen. Die Gefäße werden nach dem Bepflanzen in regelmäßigen Abständen an die oberste Querlatte gehängt.

Bei der hier gezeigten Bepflanzung befinden sich zwischen den Farnen auch kleinblättrige Efeusorten in den Hängetöpfen.

Montage der vertikalen Latten

Montage der horizontalen Latten

Montage der Wandgefäße

Links: Diese Glockenreben (Cobaea scandens) in blauglasierten Töpfen besitzen grüngelbe Blüten, die sich mit der Zeit violett färben. Hier bilden die Pflanzen einen hübschen Rahmen für den Torbogen aus Ziegelstein, der in den dahinterliegenden Garten führt.

Pflegearbeiten

• Im Frühjahr sollten die alten Farnwedel zurückgeschnitten und die Erde der Farntöpfe gedüngt werden.
• Die Farne und Fuchsien müssen regelmäßig gegossen werden.
• Düngen Sie die Fuchsien, sobald sie blühen, etwa alle zwei Wochen.

Pflanzenliste

In den Wandgefäßen:

• *Asplenium trichomanes* Incisum-Gruppe
• *Asplenium scolopendrium*
• *Polypodium vulgare*
• *Athyrium filix-femina* 'Frizelliae'
• *Athyrium niponicum pictum*
• *Polystichum setiferum* Divisolobum-Gruppe
• *Polystichum setiferum* Congestum-Gruppe

In den großen Terrakottakübeln:

• Fuchsien einer Varietät und ungefähr gleicher Höhe (mit unterschiedlichen Höhen und Farben erzielen Sie eine lockere, weniger formale Atmosphäre). Am besten verwenden Sie winterharte Sorten wie *Fuchsia* 'Kwinter', F. 'Chillerton Beauty' oder F. 'Lady Thumb', die das ganze Jahr über im Freien stehen können.

Kapitel 6

Souterraingärten

Kaum jemand, der Jahr für Jahr mit einer dunklen, feuchten Ecke zu kämpfen hat, die derart von angrenzenden Häusern überschattet ist, daß nur wenig Tageslicht einfällt, kann sich vorstellen, daß ein Souterraingarten eher als Gewinn und Herausforderung denn als Problem betrachtet werden sollte. Es bestehen eine Reihe von Möglichkeiten, eine solche Ecke optisch aufzuwerten und seiner Phantasie freien Lauf zu lassen. Denn ein Garten, in den man nicht hinein-, sondern auf den man hinabblickt, besitzt seine eigenen, ganz besonderen Vorzüge.

Meist handelt es sich bei einem Souterraingarten um einen Hinterhof oder Vorgarten auf Höhe des Untergeschosses, zu dem eine Treppe mit einem darüberliegenden Fenster führt. Hier besteht die Herausforderung darin, einige der Pflanzen näher zum Licht zu bringen, ohne die Treppe vollständig zu blockieren. Haken zum Befestigen von Kübeln und Trögen können an der Außenseite der Treppe oder am Geländer befestigt werden und eine parallele Reihe bepflanzter Behälter bilden, die mit dichtgedrängten Fuchsien, Begonien, Veilchen und Pfennigkraut oder Farnen gefüllt sind. Auch an den Wänden lassen sich Haken anbringen, um größere Tröge oder Kästen mit hängenden und nach oben wach-

Oben: *Der in einer Ecke dieses Souterraingartens angepflanzte, junge Eukalyptus strebt mit seinen silbrigen Blättern dem Licht entgegen, während* Fatsia japonica *und* Aucuba *den Schatten vorziehen.*

Links: *Diese winzige, tieferliegende Fläche wurde mit Hilfe eines natürlich wirkenden Teichs und baumstammartigen Trittsteinen in einen atemberaubenden Souterraingarten verwandelt.*

senden Pflanzen zu tragen - und so näher zum Licht zu bringen. Auf Bodenhöhe können Stellflächen aus jedem erdenklichen Material entstehen: umgedrehte Blumentöpfe, alte Tische, massive Holzkästen oder aufgetürmte Ziegelsteine. Plazieren Sie sie vor eine Wand, vielleicht in Etagen, und stellen Sie Töpfe und Kübel mit Ihren dekorativsten Pflanzen darauf. Ein paar Kletterpflanzen sorgen dafür, daß die provisorischen Stellflächen gut kaschiert werden.

Bei der Gestaltung dieser begrenzten Flächen kann man einem guten Boden gar nicht genug Bedeutung beimessen. Nur wenige Pflanzen mögen es, wenn ihre Wurzeln in kaum entwässerter Erde verrotten oder sie mit trockenem Staub bedeckt sind. Leider besitzen fast alle tiefergelegenen Flächen eine schlechte Bodenqualität: Die Erde ist meist sauer, durchnäßt und nährstoffarm. Bevor Sie mit der Bepflanzung beginnen, sollten Sie den vorhandenen Boden möglichst weit abtragen, um alte Sprungfedern, Blechdosen und Tonscherben aufzustöbern. Wenn Sie den Müll und die alte Erde entfernt haben, können Sie Kompost von guter Qualität auf den Boden verteilen, der mit Stallmist oder anderem organischen Material aufgefüllt wird.

Oben: Die leuchtenden Dosen und Töpfe, die die Wände dieses tiefliegenden mediterranen Hinterhofs schmücken, sind mit farbenprächtigen Pelargonien bepflanzt.

Wenn Ihr Souterraingarten von Wänden umgeben ist, können die Fundamente beim Graben hinderlich sein und der Spaten kann auf Steine treffen. Verwenden Sie eine Hacke, um möglichst viel loses Material zu entfernen, bevor Sie zuerst den Mist und dann frischen Allzweckkompost oder sehr gute Blumenerde auffüllen, die anschließend mit einem gemischten organischen Dünger aus Fisch-, Blut- und Knochenmehl bedeckt wird. Wenn der Boden durchweicht ist, geben Sie ein auflockerndes Granulat hinzu; falls Sie beim Graben auf eine feste Lehmschicht stoßen, tragen Sie so viel wie möglich ab und füllen Sie eine dicke Schicht Kieselsteine auf, bevor Sie den Mist aufschütten. Sollte der Boden fein und trocken sein, entfernen Sie einen Großteil

der Erde und füllen den Boden anschließend mit einer Mischung aus Blumensubstrat und Torf oder Torfersatz auf.

Gestaltung der Wände

Die Gestaltung der Wände mit farbenprächtigen Pflanzen ist eine besonders effektive Art, eine dunkle Ecke zu beleben. Wenn der Boden nicht betoniert und etwas Erde vorhanden ist, konzentrieren Sie sich darauf, einen Hintergrund für Ihr dekoratives Arrangement zu schaffen und den Boden anzureichern, bevor Sie mit der Bepflanzung beginnen. Schnell wachsende Kletterpflanzen, die sich gut zum Verkleiden von Wänden eignen sind zum Beispiel Efeu, Clematis (*Clematis montana, C. armandii*), Hortensien (*Hydrangea petiolaris*), Geißblatt (*Lonicera japonica*) und sogar die Rose 'Madame Grégoire Staechelin'. Fügen Sie ein paar schattenliebende, immergrüne Pflanzen wie Duftblüte (*Osmanthus*), Traubenheide (*Leucothoë fontanesiana*), *Mahonia*

aquifolium oder Kirschlorbeere (*Prunus laurocerasus*) hinzu und stellen Sie einen oder zwei Schornsteinkappen oder umgedrehte Kästen dazwischen, die eine größere Gruppe gemischter Pflanzen tragen. Zum Schluß pflanzen Sie hier und da einen niedrig wachsenden Strauch, der mit wenig Licht auskommt. Nun haben Sie einen dreistufigen Garten, dessen Anblick jeden Betrachter erfreut. Manchmal schaut man vom Fenster direkt auf einen dunklen Treppenschacht, der mit glänzenden Wandfliesen verkleidet ist. Wenn man an diese Fliesen herankommt, kann man sie mit Fassadenfarbe einfach überstreichen. Falls der Schacht zu einem angrenzenden Gebäude gehört, ergeben sich möglicherweise Probleme, aber wenn er frei zugänglich ist, könnten Sie einen Zwischenboden zum Anbringen von Kübeln und Übertöpfen installieren (siehe Seite 62). Eine weniger aufwendige Gestaltungsmöglichkeit besteht darin, die Wand zu streichen und Haken zum Befestigen von Blumenampeln daran anzubringen. Achten Sie jedoch darauf, daß die Ampeln zum Gießen gut erreichbar sind, indem Sie sie entweder mit einem Flaschenzug herunterholen oder eine ausziehbare Stange verwenden, an der ein Gartenschlauch befestigt ist. Eine am Fuß der Wand wachsende Kletterpflanze kann so geführt werden, daß sie sich um die Ampeln herumschlängelt - so entsteht ein Anblick, der Freude statt Niedergeschlagenheit bereitet.

Anordnung der Pflanzgefäße

Die Bepflanzung und Bewässerung einer unansehnlichen, vernachlässigten Fläche unter einem Fenster verlangt sowohl Geschicklichkeit als auch Entschlossenheit. Das Problem der Höhe läßt sich beispielsweise mit einem Gartentisch lösen, auf dem ein großer, aber leichter Bottich oder Kasten Platz hat. Füllen Sie ihn mit gutem Kompost und behandeln Sie ihn wie eine Vase, indem Sie alles entfernen, was den Kopf hängenläßt und durch ein neues Arrangement ersetzen. Große Übertöpfe aus Plastik eignen sich für diesen Zweck besonders gut, da sie leicht, aber von oben nicht sichtbar sind. Verwenden Sie am besten widerstandsfähige und langlebige Pflanzen - eher im Hinblick auf ihre Blätter als auf ihre Blüten - beispielsweise Aukube (*Aucuba japonica*

'Variegata') zusammen mit dem Spindelstrauch (*Euonymus fortunei* 'Emerald Gaiety'), Nieswurz (*Helleborus foetidus*) zusammen mit Immergrün (*Vinca minor*) und rankendem Pfennigkraut (*Lysimachia nummularia*), vielleicht einen goldfarbenen Liguster von geeigneter Größe im Hintergrund und Japonanemonen (*Anemone* x *hybrida* 'Honorine Jobert'), die im Spätsommer einfache, runde weiße Blüten hervorbringen. Der Übertopf sollte einen Durchmesser von mindestens

60 cm aufweisen und 45-50 cm hoch sein; Sie könnten natürlich ein wenig mogeln, indem Sie im Vordergrund etwas Platz für eine vorgezogene Hortensie lassen. Bei guter Bewässerung blüht diese Pflanze mehrere Monate, und man kann sie bis zur Blüte im nächsten Jahr an ihrem Platz

Unten: In diesem freundlichen Stadtgarten wurden weiße Pflanzen in einer Vielzahl von Töpfen und Urnen mit etlichen faszinierenden Dekorobjekten kombiniert.

lassen oder sie in einen größeren Behälter umtopfen, wo sie schnell wachsen wird. Ein solcher Ort eignet sich auch sehr gut für die berühmten »Türme« aus Blumenampeln: zwei Etagen mit Metallampeln, die von einer stabilen Stange herabhängen und mit einem Gartenschlauch vom darüberliegenden Fenster aus bewässert werden können. Wenn die Ampeln dicht mit gut genährten, sich ausbreitenden einjährigen Pflanzen bestückt sind, erhält man eine große Glocke aus Blüten und Blättern. Falls nur wenig Licht in Ihren Souterraingarten fällt, können Sie für zusätzliche Farbtupfer Farn und kleine Efeusorten zusammen mit ein bis zwei Fleißigen Lieschen pflanzen oder einfach eine üppige Pflanzengruppe aus gemischten Fleißigen Lieschen. Die Stange muß von Zeit zu Zeit gedreht werden, um ein gleichmäßiges Wachstum zu gewährleisten; aber selbst wenn die örtlichen Gegebenheiten dies nicht zulassen, wird die Seite, die Sie von ihrem Fenster aus sehen können, einen phantastischen Anblick bieten.

Breite, flache Schalen auf einem Ständer, die entweder aus Terrakotta oder Stein gefertigt sind, eignen sich für einen Souterraingarten ebenfalls sehr gut. Die erhöhte Schale auf der klassischen Säule bringt die Pflanzen näher zum Licht, so daß sie sich großzügig ausbreiten und über den Rand hinauswachsen können. Wenn eine größere Fläche zur Verfügung steht, ergeben zwei oder sogar drei bis vier solcher Arrangements - in regelmäßigen Abständen aufgestellt - einen stilvollen Garten. Stellen Sie sich eine Statue, eine Skulptur, ein Wasserspiel oder eine dekorative Tafel im Mittelpunkt vor, an deren Seiten ein aufeinander abgestimmtes Paar bepflanzter Schalen auf einem Ständer erscheint. Bei genügend Sonnenlicht würde die Fächerblume (*Scaevola saligna*) das Ganze perfekt abrunden:

Diese den ganzen Sommer über bläulich-
mauvefarben blühende Pflanze scheint zu
klettern, wenn sie sich im Kreis nach oben
windet und sich dabei anmutig ausbreitet. Eine weitere Beetpflanze, die Kapaster (*Felicia amelloides* 'Santa Anita') oder
auch ihre gefleckte Varietät, blüht ebenso lange, und auch ihre Ranken zeigen die
gleichen, anmutig nach oben weisenden
Spitzen.

Duftende Pflanzen

Ein niedriggelegener Garten sollte wohl-
riechende Düfte verströmen, die durch
Ihr Fenster wehen. Daher empfiehlt es
sich, bei der Wahl der Pflanzen jene aromatischen Gewächse nicht zu vergessen,
die gut mit wenig Licht auskommen. Die
herrliche, hoch aufragende Tabakpflanze
(*Nicotiana sylvestris*), besitzt spitze, trom-
petenförmige weiße Blüten von süßem
Duft; *Clematis montana* zeigt ihre weißen, nach Vanille duftenden Blüten im
Frühling, und *C. odorata* 'Pink Perfec-
tion' sowie 'Elisabeth' verströmen ebenfalls einen herrlichen Duft. Seidelbast
(*Daphne pontica*) riecht köstlich in der
Nacht; *Mahonia aquifolium*, *M. japonica* und Hybriden dieser Art bringen im
Frühling gelbe, nach Maiglöckchen riechende Blüten hervor, und der magische
Duft des Maiglöckchens (*Convallaria
majalis*), in eine Ecke des Beets gepflanzt,
dringt durch jedes Fenster. Der beschei-

*Rechts: Die Wände dieses Souterraingartens
wurden mit üppig bepflanzten Blumenkästen und Pflanzenampeln dekoriert,
während blumengefüllte Töpfe die Treppe
säumen.*

*Links: Jeder Zentimeter dieser schattigen
Ecke wurde ausgenutzt. Waldrebe, Geißblatt und Efeu klettern die Wände hinauf
und überragen das üppig bepflanzte Blumenbeet darunter.*

dene kleine Strauch *Sarcococca* wird Sie mit seinem kräftigen, süßen Wohlgeruch im Winter überraschen. Aber auch Geißblatt duftet phantastisch, und die wenig Licht benötigenden Rosen 'Madame Grégoire Staechelin', 'New Dawn', 'Gloire de Dijon' und 'Parkdirektor Riggers' zeichnen sich neben ihren vielen anderen guten Eigenschaften auch durch ihren betörenden Duft aus.

Alternative Gestaltungsmöglichkeiten

Eine andere Gestaltungsmöglichkeit einer tiefergelegenen Fläche besteht darin, weniger oder gar keine Pflanzen zu verwenden. Bedecken Sie den Boden des Gartens mit einem ansprechenden Belag und pflanzen Sie dann einen einzelnen Baum in die Mitte; es sollte ein schönes Exemplar sein, beispielsweise ein *Paulownia tomentosa*, ein Judasbaum (*Cercis*

siliquastrum) oder vielleicht eine *Gleditsia triacanthos* 'Sunburst'. In einem sonnigen Hinterhof, auf den mehrere Fenster hinausgehen, bietet die herrliche *Aralia elata* 'Variegata' einen sehr schönen Anblick; ihre zarten, fein geschnittenen Blätter breiten sich im Sommer wie ein großer Schirm aus, der von oben betrachtet weitaus besser zur Geltung kommt.

Wenn der Garten, auf den Sie hinabblicken, eine Mauer aufweist und groß genug ist, um sich darin zu bewegen (also größer als etwa 90 cm x 90 cm), könnten Sie vor die Mauer vielleicht Stufen als

Rechts: Geschickt angebrachte Spaliere, bedeckt mit Geißblatt und Efeu, verwandeln diesen Innenhof in einen stillen Sitzbereich.

Unten: Dieser Souterraingarten mit seinem schlichten hölzernen Bodenbelag, der Außenbeleuchtung und den schön bepflanzten Töpfen ist eine Oase der Ruhe mitten in der Stadt.

Bühne für Ihre blühenden Darsteller bauen. An einfachen, rechteckigen Stufen wird man sich als begabter Heimwerker selbst versuchen, aber für runde Ausführungen benötigt man ein wenig mehr Erfahrung und vielleicht sogar professionelle Hilfe. Auf der obersten Stufe könnte ein Behälter für eine Kletterpflanze stehen, auf der mittleren farbenprächtige Topfpflanzen und auf der untersten eine rankende Pflanze. Falls die Treppe aus zwei Stufen besteht, ließe sich ein rauschender Bambus in einem hohen Topf auf die oberste und mehrere Töpfe mit immergrünen Farnen oder Funkien auf die unterste Stufe plazieren. In einem kleinen Garten kämen kleine Stufen, die in einem verspiegelten Miniaturbogen enden, sehr schön zur Geltung. Der Bogen läßt sich mit Kletterpflanzen umranden und die Stufen könnten von oben nach unten mit Miniaturpflanzen wie Zwergfunkien, kleinen Koniferen und Zittergras gesäumt werden.

Der Begriff Souterraingarten kann sich auf eine Fläche in Kellerhöhe beziehen, über der Sie wohnen, oder auf eine Fläche, deren Schönheit am besten von oben wahrgenommen wird. Wenn Sie von Ihrem Fenster aus auf die Fläche hinunterblicken, könnten Sie einen eleganten Knotengarten anlegen - mit Ihren Initialen, einem Herz, einem Malteser Kreuz, einer bevorzugten geometrischen Form oder einem einfachen Rechteck mit einer Urne in der Mitte, die mit einem Zwergbuchsbaum bepflanzt und mit Kieselsteinen gefüllt ist. Ein einfacher Kreis aus Buchsbaum sieht ebenfalls phantastisch aus, wenn man ihn im Sommer mit Fleißigem Lieschen und im Frühjahr mit hohen Schlüsselblumen und Narzissen bepflanzt oder in die Mitte eine Kamelie setzt und diese mit *Pachysandra terminalis* 'Variegata' umgibt, einer im Frühsommer blühenden Staude.

Ein Küchenfenster-Garten

Bei diesem verblüffenden Arrangement, das hier im Sommer gezeigt wird, hat man sich den Schacht zunutze gemacht, der häufig zwischen zwei Gebäuden entsteht. Die Wände des Schachts wurden zuerst weiß angestrichen, um den ganzen Bereich aufzuhellen und einen geeigneten Hintergrund für die dichten Blattpflanzen zu schaffen. Der Zwischenboden aus Holz trägt eine Vielzahl üppig bepflanzter Töpfe und Gefäße - unter anderem eine alte Schornsteinkappe - und hebt den Garten an, so daß man ihn vom Küchenfenster aus gut sehen kann. (Denken Sie daran, zuerst Ihren Nachbarn um Erlaubnis zu bitten).

Bau des Zwischenbodens

Schrauben Sie zwei Winkeleisen an die einander gegenüberliegenden Wände des Schachts. Das Winkeleisen sollte an einer Seite vorgebohrte Löcher im Abstand von

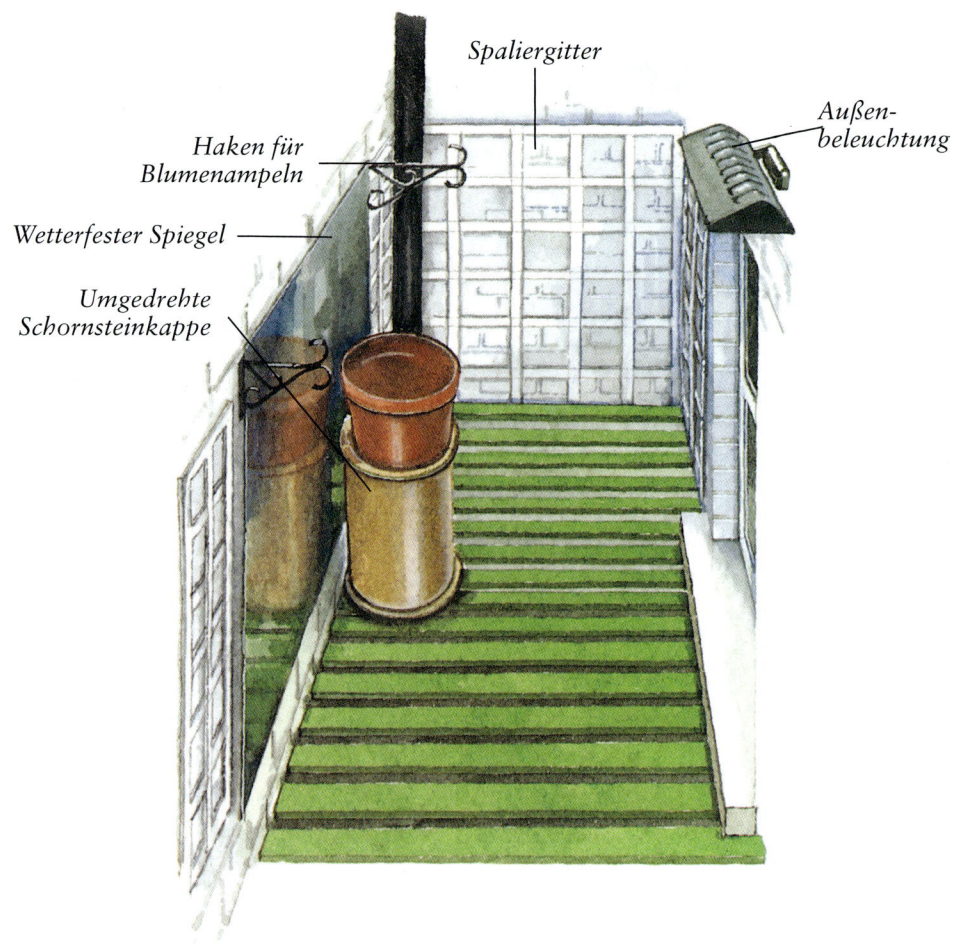

Spaliergitter

Außen-beleuchtung

Haken für Blumenampeln

Wetterfester Spiegel

Umgedrehte Schornsteinkappe

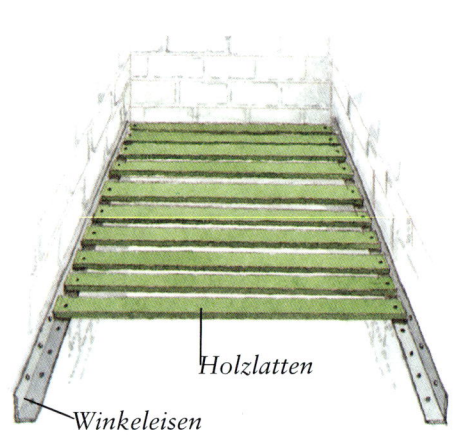

Holzlatten

Winkeleisen

16 cm und an der anderen Seite Löcher im Abstand von 8 cm aufweisen. Schrauben Sie die erste Seite des Winkeleisens mit verstärkten Steinschrauben an die Wand. Anschließend bauen Sie den Zwischenboden aus 8 cm breiten und 5 cm dicken Holzlatten, die mit Holzschutzmittel grün gebeizt wurden, direkt unterhalb der Fensterbank, indem Sie die Latten von unten an die andere Seite des Winkeleisens schrauben.

Anbringen der Details

Schrauben Sie einen wetterfesten Spiegel an die dem Fenster gegenüberliegende Wand und versehen Sie alle Mauern auf Höhe des Fensters mit weißgestrichenen Spaliergittern. Dann bringen Sie Wandhaken für Blumenampeln zu beiden Seiten des Spiegels an, damit man sie, wenn sie bepflanzt sind, vom Fenster aus sehen kann.

Pflegearbeiten

- Gießen Sie die Pflanzen regelmäßig.
- Besprühen Sie die Pflanzen mit einem zugelassenen Insektizid speziell gegen Blattläuse.
- Schneiden Sie die Pflanzen im Frühjahr zurück, falls sie dünner werden.
- Düngen Sie die Pflanzen im Sommer einmal monatlich mit einem flüssigen Allzweckdünger.

Pflanzenliste

Kletterpflanzen am Spalier:

- *Hedera helix* ssp. *helix* 'Goldheart' (zu beiden Seiten des Spiegels)
- *Hedera helix* ssp. *helix* 'Green Ripple'

In den Blumenampeln:

- Fuchsien mit *Hedera helix* ssp. *helix* 'Jubilee'

  Einfache Terrakotta-Töpfe, unterpflanzt mit Immergrün (*Vinca*), Efeu und Farn:
- *Camellia japonica* 'Alba Simplex'
- *Skimmia japonica* 'Rubella'
- *Euonymus fortunei* 'Emerald 'n' Gold'
- *Aucuba japonica* 'Variegata'
- *Ligustrum lucidum* 'Aureovariegatum'
- *Fatsia japonica*
- *Aucuba japonica* 'Speckles'
- *Impatiens*
- *Nandina domestica*
- *Camellia* x *williamsii* 'Copella Alba'
- X *Fatshedera lizei*

Kapitel 7

Hinterhofgärten

Da in einem kleinen Garten alles auf den ersten Blick sichtbar ist, sollte er sowohl besser geplant als auch besser gepflegt werden als ein größerer Garten, der sich mit jahreszeitlich wechselnden Bildern, rauschenden Farben, ganzen Beeten mit nur einer Pflanzenart und Dutzenden von Aussichten präsentiert. Dagegen müssen kleine Gärten alle Tugenden der guten Gartenpflege in sich vereinen, allerdings ohne jegliche Extravaganzen: Zu viel Ehrgeiz kann verhängnisvoll sein. Die Lage des Gartens ist von großer Bedeutung, und angrenzende Häuser, Bäume und Blickwinkel sollten stets berücksichtigt werden.

Zweifellos kann der erste Anblick eines kleinen Hinterhofgartens entmutigend wirken: Möglicherweise finden Sie dort nur eine schmutzige Mauer, Bauschutt und Sperrmüll, meterhohes Gras oder einen Wald aus wildwachsendem Gestrüpp vor. Zunächst einmal müssen Sie sich Gedanken über den Stil des Gartens machen, der Ihren Lebensgewohnheiten entspricht, und nicht umgekehrt. Manche Leute wünschen sich einheitlich weiße Gärten, Rasen, Gebirgsblumen oder üppige Kletterpflanzen; andere möchten Sträucher und Blumen, obwohl ihr Garten nach Norden ausgerichtet ist oder völlig im Schatten liegt; oder sie verlangen

Oben: *Die Farbe dieses Löwenbrunnens aus Stein, die sich in den Fleißigen Lieschen darunter widerspiegelt, bildet einen leuchtenden Blickfang in der von Efeu bedeckten Wand.*

Links: *Dieser winzige Balkon mit verschiedenen Terrakotta-Töpfen bietet eine hervorragende Sicht auf den herrlich gepflasterten, darunterliegenden Garten.*

Staudenrabatten und altmodische Rosen für eine Fläche, die nicht größer ist als 7 m x 7 m. Außerdem stellt sich oft heraus, daß sie ungeheuer beschäftigt und am Wochenende häufig verreist sind. Aus diesen Gründen sollte die Planung maßgeblich von Ihren Lebensgewohnheiten und den Anforderungen Ihres Gartens bestimmt sein. Entscheiden Sie sich nur für Bepflanzungen, die Sie entweder selbst oder mit Hilfe eines Gärtners pflegen können. Ein grandioser, aber vernachlässigter Garten ist ein trauriger Anblick und vergebliche Liebesmüh.

Wenn Sie Ihren Garten hinter dem Haus planen, sollten Sie sich selbst unbedingt ein paar wichtige Fragen stellen. Was verlangen Sie von Ihrem Garten? Wollen Sie darin sitzen, Gemüse anbauen, die Wäsche aufhängen, mit dem Hund spielen, ein Klettergerüst für Ihre Kinder anbringen oder ihn einfach nur durch das Fenster anschauen? Für eine gelungene Gartengestaltung muß man die richtige Auswahl treffen, sich für einen Stil entscheiden, der zu dem jeweiligen Ort paßt, die Pflanzen wählen, die dort am besten wachsen, und die Form finden, in der alles wächst und gedeiht. Hier sind einige der Eigenschaften eines idealen Gartens, die häufig von Menschen genannt werden: Ruhe und Abgeschiedenheit,

das ganze Jahr hindurch ein schöner Anblick, pflegeleicht, aber trotzdem stilvoll, eine verschwenderische Fülle von Sommerfarben und -düften, ein Wasserspiel, eine schöne Aussicht vom Fenster aus sowie eine gute Gartengestaltung mit interessanten Bodenbelägen und attraktiver Bepflanzung.

Ein Ort der Ruhe

Eine der am häufigsten gestellten Anforderungen bei der Gestaltung eines Gartens lautet Ruhe und Abgeschiedenheit. Wenn Sie einen abgeschiedenen Garten anlegen möchten, sehen Sie sich das Gelände am besten im Winter sorgfältig an und entscheiden Sie, welche künstlichen Höhenunterschiede Sie den bestehenden Grenzen hinzufügen wollen. Wenn es darum geht, eine unansehnliche Aussicht zu versperren, sollte man über ein Spalier nachdenken, ein Spalier auf einer Mauer, eine Mauer, einen Zaun oder Kletterpflanzen.

Die ökonomischste Lösung besteht darin, ein Spaliergitter auf einer vorhandenen Mauer anzubringen. Falls aber der Verlauf der Grundstückgrenze unklar ist oder es kein unmittelbar angrenzendes Nachbargrundstück gibt, sind drastischere und teurere Maßnahmen erforderlich. Wenn Ihr Budget keinen Zaun oder Spaliere erlaubt, die sich über die gesamte Grenze erstrecken, verdecken Sie damit zumindest die häßlichste Aussicht und verwenden Sie für den Rest Sträucher oder kleine Bäume.

Falls Ihr Garten nach Norden weist oder so sehr von Häusern umstellt ist, daß der einzige sonnige Fleck weit vom Haus entfernt und daher exponierter liegt, bietet ein spalierbedeckter Schuppen oder eine Gartenlaube mit einem sichtgeschützten Sitzbereich die gewünschte Privatsphäre, wenn Sie sich im Garten aufhalten. Ein

Oben: *Auf den ersten Blick scheint diese kleine Fläche zu viele verschiedene Bodenbeläge aufzuweisen, aber die Mischung aus Steinplatten und Holzdielen erzeugt einen ausgewogenen und eleganten Gesamteindruck.*

Links: *Der Kontrast zwischen diesen weißen, runden Steinen und den quadratischen Fliesen sorgt für eine verblüffende Wirkung. Die Farbe der Fliesen taucht in den leuchtenden Beeren der* Nandina domestica *wieder auf.*

Rechts: *Dieser abgeschiedene Garten hinter dem Haus, dessen ausgetretener Pfad aus Ziegelsteinen zu einem kühlen Rasen mit ein paar Farbtupfern führt, hat eine bezaubernde Atmosphäre.*

Bogen, der so bepflanzt ist, daß er sowohl Schatten als auch zarten Wohlgeruch spendet, sorgt ebenfalls für Schutz und zusätzliche Privatsphäre, wenn er über einer Sitzgelegenheit angebracht wird; er könnte aber auch in den Vordergrund gestellt werden, um ein häßliches Gebäude in der Ferne zu verdecken.

Auch mit Hecken läßt sich eine abgeschiedene Ecke gestalten, selbst wenn sie nur aus zwei bis drei Sträuchern besteht, und eine Trauerweide kann in eine lauschige Laube verwandelt werden. Da es unwahrscheinlich ist, daß Sie im Winter längere Zeit draußen sitzen, wäre es denkbar, einen Laubbaum wie beispielsweise eine Weidenblättrige Birne (*Pyrus salicifolia* 'Pendula'), eine Hängebirke (*Betula pendula*), eine Zierkirsche (*Prunus*), einen Goldregen (*Laburnum*) oder eine kleine Weide (*Salix*) so zu beschneiden, daß sie im Sommer Schutz und Schatten spenden. Wenn Sie einen sonnigen Garten haben, könnten Sie sich für eine *Ceanothus*-Laube oder eine aus *Pittosporum* entscheiden, die regelmäßig beschnitten wird, so daß sie einen leicht konkaven Sitz bildet. Bambus eignet sich ebenfalls gut als schützendes Gebüsch, aber er schießt sehr schnell über die gewünschte Höhe hinaus. Das gilt auch für die schöne, schnell wachsende *Robinia pseudoacacia* 'Frisia', deren elegante, herabhängende Blätter ein abgeschiedenes Plätzchen bilden.

Formen und Bodenbeläge

Nachdem Sie für ein wenig Privatsphäre gesorgt haben, müssen Sie sich als nächstes über die Form Ihres Gartens Gedanken machen. Sie ist zum Teil bereits durch die Form des Grundstückes vorgegeben. Wenn es sich um ein langgestrecktes und schmales Gelände handelt, sollten Sie überlegen, ob Sie es unterbrechen wollen - und wenn ja, ob durch eine Bepflanzung

oder durch eine Bepflasterung bzw. Erdaufschüttung. Falls das Grundstück kurz und quadratisch ist, stellt sich die Frage, ob Sie es mit einer Kurve oder einem Kreis gestalten oder es lieber in klassische Segmente aufteilen möchten. Welche Pfade benötigen Sie? Wohin sollen sie führen? Egal wie kurz der Pfad auch ist, er sollte den Besucher stets damit belohnen, daß er irgendwo hinführt. Das können die einfachsten Dinge sein, z.B. eine besondere Pflanze, ein Topf, ein Baum oder eine Skulptur.

Etwas Abwechslung im Bodenniveau oder in der Höhe lohnt sich immer, besonders auf begrenztem Raum. So kann man beispielsweise eine Reihe des Bodenbelags um einen Ziegel erhöhen oder eine Reihe von Töpfen auf niedrigen Stufen nach oben hin aufsteigend anordnen und damit räumliche Tiefe schaffen. Die einfachste Art, Höhe anzudeuten, besteht darin, einen schön bepflanzten Topf auf eine erhöhte Stellfläche oder einen umgedrehten Blumentopf zu plazieren, der zwischen niedrigen Pflanzen steht und halb von ihnen verdeckt wird. Eine weitere Alternative wäre eine Steinplatte, die Sie mit Haken an der hinteren Wand des Gartens befestigen und auf die Sie einen Topf mit einer Konifere oder einer anderen immergrünen Pflanze stellen, die dadurch viel größer wirkt, als sie tatsächlich ist.

Der Bodenbelag, für den Sie sich entscheiden, trägt ebenfalls zur Schaffung einer bestimmten Atmosphäre bei. Ein kleines Rasenstück kann einen winzigen Hinterhofgarten mit entsprechender Bepflanzung in eine grüne Oase verwandeln oder ein ungewöhnliches Muster zwi-

Links: Die Kombination aus geharkten Kieseln, sorgfältig ausgesuchten Steinen und sparsamer Bepflanzung sorgt in diesem japanischen Garten für ein harmonisches und erfrischendes Gesamtbild.

schen Steinen oder Kies bilden - vorausgesetzt, der Rasen bekommt genügend Licht. Obwohl die Weichheit von Gras fast jedermann anspricht, darf man nicht vergessen, daß ein Rasen sorgfältig gepflegt werden muß. Besonders jene Gärtner, die noch nicht mit den Besonderheiten der Gartenarbeit in der Stadt vertraut sind, sollten sich dessen bewußt sein, daß Rasenflächen häufig zu Staunässe neigen, anfällig für Moos- und Unkrautbewuchs sind und regelmäßig gemäht werden müssen, wenn sie dem herrlichen Grün gleichen sollen, das man aus Büchern kennt. Harte Oberflächen wie Stein, Ziegelstein, Kies, künstliche Beläge, Platten, Schiefer und selbst Holz haben alle ihre Vorzüge, aber letztendlich entscheidet Ihr Budget, welchen Bodenbelag Sie wählen. Kies ist der preiswerteste und vielseitigste Bodenbelag - obwohl man schlecht darauf gehen oder sitzen kann. Ziegelsteine sind ebenfalls sehr vielseitig und flexibel genug, um damit jede Form einzufassen; die kleineren Steine eignen sich besonders für winzige Flächen. Ziegel können zur Auflockerung mit künstlichen Belägen kombiniert werden und einen ansonsten nichtssagenden Bereich interessant gestalten. Naturstein ist zwar teuer, aber durch nichts zu ersetzen, wenn es darum geht, einem Garten Eleganz zu verleihen, denn er bildet einen natürlich aussehenden, harmonischen Hintergrund für Pflanzen und ihre Gefäße. Darüber hinaus ist Naturstein flexibel, da größere Platten passend zugeschnitten werden können; rund um einen Teich kommt er besonders wirkungsvoll zur Geltung.

Ein pflegeleichter Garten

Ein Garten, der vielbeschäftigten Menschen wenig Aufwand bereitet, umfaßt überwiegend Sträucher und einen gut verlegten Bodenbelag oder Kies. An Wänden

oder Spalieren sollten Sie auf Kletterpflanzen verzichten, die regelmäßig zurückgebunden, geschnitten und gepflegt werden müssen, und sich statt dessen lieber für Wandsträucher und Kletterrosen entscheiden. Pflanzen Sie mehr immergrüne Pflanzen als üblich, darunter einige panagierte Sorten sowie solche mit goldenen oder purpurfarbenen Blättern. Am besten beschränken Sie sich auf niedrigwachsende Randbepflanzungen, insbesondere solche mit silbrigen Blättern - Lavendel (*Lavandula*), Beifuß (*Artemisia* 'Powis Castle'), Strauchveronika (*Hebe albicans*) und Wollziest (*Stachys byzantina*) -, um das Bild abzurunden und den Garten das ganze Jahr über lebendig zu gestalten. Wenn Sie sich an jahreszeitlich

Oben: Dieser schlicht und sparsam bepflanzte Garten ist ein idealer Ort, um entspannt im Schatten zu sitzen und sich von der Hektik der Stadt zu erholen.

bedingten Arrangements erfreuen wollen, bestücken Sie Töpfe mit Ihren Lieblingspflanzen und entfernen und ersetzen Sie sie, wenn sie verblüht sind.

»Eingebaute« Flexibilität

Sie werden feststellen, daß man eine Reihe scheinbar festgelegter Gartenstrukturen umwandeln kann, wenn sie nicht mehr für ihren ursprünglichen Zweck benötigt werden. Eine solche Flexibilität entsteht durch Vorausplanung. Während beispielsweise krabbelnde Babies Rasen bevorzugen, brauchen die Dreiräder und rollenden Spielzeuge von Kleinkindern einen festen Untergrund, so daß das eine dem anderen weichen muß. Aus einem runden, mit Ziegelsteinen eingefaßten Sandkasten läßt sich ein Teich fertigen, ein Geröllbeet für Gebirgspflanzen oder ein italienisch anmutender Standort für Sträucher, die in Form eines »Lollipops« beschnitten werden. Eine in Beton eingelassene Schaukel kann in einen ungewöhnlichen Ständer für Blumenampeln und rankende Kletterpflanzen oder in eine Halterung für eine Hängematte verwandelt werden, und auf einer Rasenfläche, die durch Ballspiele verwüstet wurde, könnte man unter Umständen ein neues Blumenbeet anlegen. Falls Sie jedoch der Meinung sind, daß dicht bepflanzte Blumenbeete zu zeitaufwendig sind und Rückenschmerzen verursachen (ein häufiges Argument älterer Gärtner, die an steifen Gliedern leiden), was halten

Sie dann von erhöhten Beeten, die leichter zu pflegen sind? Darüber hinaus könnte man auch auf einer Terrasse mit vielen Blumentöpfen, die täglich gegossen und oft gedüngt werden wollen, ein automatisches Bewässerungssystem mit Düngevorrichtung installieren, falls der Hobbygärtner plötzlich eine andere Laufbahn einschlagen sollte.

Ein Wassergarten

Die zunehmende Begeisterung für Wasser in Gärten hat dafür gesorgt, daß es inzwischen eine Vielzahl von automatischen Brunnen und Wasserspielen speziell für den kleinen Garten gibt, die von jedem Amateur installiert werden können. In einem quadratischen, von erhöhten Ziegelsteinbeeten umgebenen Garten können Sie in einer Ecke einen Teich anlegen, indem Sie die Ziegelsteinwände als linke und rechte Einfassung nutzen und auf der vorderen Seite bogenförmig zu einem Dreieck verschließen. Die Kanten der Teichfolie werden zwischen den Ziegelsteinreihen festgehalten, wobei die oberste Ziegelsteinreihe quergemauert ist, um die Teichfolie zu verdecken und eine Sitzgelegenheit zu schaffen, von der aus sich die Fische im Wasser beobachten lassen. Diese niedrige Ziegelsteinmauer kann auch als Stellfläche für Kübel mit Funkien und Farnen dienen oder als Standort für Dekorobjekte und Skulpturen. Um Bewegung und Geräusche zu erzeugen, können Sie entweder eine Umwälzpumpe unterhalb der Wasseroberfläche auf einem Blumentopf installieren oder einen Wasserspeier in einem erhöhten Beet anbringen, so daß das Wasser von einer Ebene in die nächste fließt.

Falls Sie nur wenig Platz zur Verfügung haben, bevorzugen Sie möglicherweise einen Wasserspeier an einer freistehenden Wand. Wenn Sie unterhalb des Wasserspeiers eine leicht gewölbte Stein- oder Schieferplatte plazieren, trifft das Wasser dort zuerst auf, bevor es in die Schale mit der Pumpe hinabläuft; auf diese Weise können Sie sich an der bezaubernden Wirkung verschiedener Wasserstufen und an dem beruhigenden Geräusch von plätscherndem Wasser erfreuen.

Sommerfarben und -düfte

Die Gestaltung eines Meers von Farben und Düften verlangt viel Hingabe und bedeutet einen recht großen Aufwand an

Links: *Mit diesem einladenden, von duftenden Pflanzen umgebenen hölzernen Zweisitzer wurde die Ecke eines kleinen Gartens in einen Ort der Ruhe verwandelt.*

Rechts: *Dieser kleine, von wohlriechendem Lavendel gesäumte Hinterhof eignet sich hervorragend für ein Essen mit der Familie, einen geselligen Abend mit Freunden oder einen kühlen Ruheplatz im Schatten.*

Zeit, Geld und Flexibilität. Bei kleinen Flächen genügt es, sich für ein Farbschema zu entscheiden und anschließend Kletterpflanzen und rankende Pflanzen auszuwählen, um die Grundstücksgrenzen festzulegen und zu begrünen. Ich persönlich mag eine dichte Bepflanzung, in der alles üppig sprießt, bei der aber trotzdem darauf zu achten ist, daß sie nicht überhand nimmt. So könnten sich zwei Kletterpflanzen durch einen hohen Strauch winden, wobei die eine früh und die andere später blüht, während eine dritte Kletterpflanze im Hintergrund zur Winterzeit schön zur Geltung kommt. Ich empfehle Ihnen einen attraktiven *Acer negundo*

'Flamingo', der jährlich bis auf den Stamm zurückgeschnitten werden kann oder der Erdbeerbaum (*Arbutus unedo*), der den Verlust seiner Äste ebenso gelassen hinnimmt. Andere Sträucher, die regelmäßig geschnitten werden können, umfassen z.B. *Rhamnus alaternus* 'Argenteovariegata', Geißblatt (*Lonicera nitida*) oder Seidelbast (*Daphne odora* 'Aureomarginata'). Die Liste ist endlos, und wenn Sie auf begrenztem Raum eine langanhaltende Blütenpracht erzielen möchten, müssen Sie immer wieder mit neuen Pflanzen experimentieren.

Viele Rosen, die nach ihrer ersten Blüte stark zurückgeschnitten und dann ge-

düngt werden, danken dies fast immer mit einer neuen Blütenpracht. Der hohe, grau-grüne, ausdauernde Honigstrauch (*Melianthus major*), eine Königin unter den Blattpflanzen, gedeiht nach einem gründlichen Rückschnitt ebenfalls wieder prächtig. Töpfe mit Lilien, frühblühenden Zwiebelgewächsen und Fuchsien können in eine Ecke gestellt werden, bis sie ihre Blütezeit erreicht haben, während attraktive Einjährige oder zarte Stauden wie Ährensalbei (*Salvia farinacea* 'Victoria'), Kosmee (*Cosmos atrosanguineus*), Diascie (*Diascia*), Kapaster (*Felicia*) und Strauchmargerite (*Argyranthemum*) an einer anderen Stelle wachsen.

Ein pflegeleichter Garten

Dieser Garten ist ideal für alle, die der Gartenarbeit keinen besonderen Stellenwert beimessen, aber trotzdem eine angenehme Umgebung schätzen. Besonders im Sommer erweist sich ein solcher Garten als idealer Ort, um im Freien zu essen, zu feiern und sich zu entspannen.

Sie können einen Fachmann mit den Arbeiten beauftragen, aber vielleicht wollen Sie sich der Herausforderung selbst stellen. Wie Sie sich auch entscheiden - der fertige Garten benötigt nur wenig Pflege.

Anfertigung der erhöhten Eckbeete und Sitzmauern

Bereiten Sie das Fundament für die erhöhten Eckbeete vor, indem Sie ein 60 cm x 60 cm breites Rechteck von 23-30 cm Tiefe ausheben und es anschließend mit Beton füllen. Bauen Sie dann die Stützmauern für die Eckbeete mit einer Höhe von 6 Ziegelsteinen und schließen Sie sie

mit einer Reihe quergelegter halber Ziegelsteine ab, so daß die Mauer eine Höhe von insgesamt 7 Ziegelsteinen aufweist. Für die innere Stützwand der Sitzfläche entlang der linken Grenzmauer legen Sie ein etwas flacheres Fundament. Am besten verwenden Sie extra harte Ziegelsteine für diese Mauer, damit die Konstruktion stark genug ist, um die Sitzplatten zu tragen.

Nachdem Sie den Boden geebnet haben, legen Sie den gesamten Bereich mit Bodenplatten auf einer Schicht aus einer Sand-Zement-Mischung aus. Achten Sie darauf, daß die Platten mit der Wand bündig abschließen.

Zum Schluß errichten Sie die Vorderwand der Sitzmauer direkt auf den Bodenplatten in einer Höhe von 5 Ziegelsteinen, so daß sie an das Eckbeet angrenzt. Dann füllen Sie die Sitzbank mit einer gut bindenden Zementmischung auf, die Ziegelsteinstücke enthält, und legen weitere Steinplatten als Sitzfläche auf die Bank.

Dieser Plan zeigt die Terrassentüren und Staukästen, in denen die gestreiften Kissen untergebracht werden können.

Bau der Eckbeete und Sitzmauern

Pflanzenliste

Entlang der rechten Grundstücksgrenze (von oben nach unten):

- *Fremontodendron* 'California Glory'
- *Carex oshimensis* 'Evergold'
- *Rosmarinus* 'Miss Jessopp's Upright'
- *Choisya ternata* 'Sundance'
- *Ruta graveolens* 'Jackman's Blue'
- *Ceanothus* 'A.T. Johnson'
- *Phormium hookeri* 'Cream Delight'
- *Festuca glauca*
- *Rhamnus alaternus* 'Argenteo-variegatus'

- *Lonicera nitida* 'Baggesen's Gold'
- *Viburnum tinus* 'Variegatum'
- *Euonymus fortunei* 'Emerald Gaiety'

In den erhöhten Eckbeeten:
- *Camellia japonica* 'White Swan'

An der Rückwand:
- *Hedera helix* ssp. *helix* 'Buttercup' und *Alchemilla mollis*

An der rechten Wand:
- *Trachelospermum jasminoides* 'Variegatum'
- *Hedera helix* ssp. *helix* 'Goldheart'

Pflegearbeiten

- Kehren Sie den Boden und schneiden Sie wuchernde Pflanzen zurück.
- Gießen Sie die Pflanzen regelmäßig, wenn Sie kein automatisches Bewässerungssystem installiert haben.

- Entfernen Sie ein bis zwei Sträucher nach drei bis vier Jahren vollständig.
- Die auf dem Plan abgebildeten hölzernen Kästen sollten einmal im Jahr gestrichen werden.

Kapitel 8

Dachgärten

Ein schöner Dachgarten ist ein Gewinn für alle Hausbewohner. Probleme wie schlechte Erreichbarkeit, Wasserversorgung, Sicherheitsvorkehrungen und Windstöße sollten als kleinere Übel betrachtet werden, die im Vergleich zu der zu erwartenden Entschädigung nicht weiter von Bedeutung sind. Selbst winzige Ecken zwischen Schornsteinkappen lassen sich in Miniaturdachgärten verwandeln, und der Platz vor einem Mansardenfenster kann als Stellfläche für Kübel oder Blumenkästen dienen. Es empfiehlt sich, diese Pflanzgefäße auf Ziegelsteine zu plazieren, damit das Wasser problemlos ablaufen kann und man ihren blühenden Inhalt von der Wohnung aus gut erkennt. Wenn Sie ein leicht zugängliches Flachdach besitzen, das relativ groß ist und verschiedene Gestaltungsmöglichkeiten bietet, sollten Sie sich vor der Planung des Gartens vergewissern, daß seitens des Bauamtes Ihrer Stadt keine Einwände bestehen. Überprüfen Sie, ob es nicht bereits eine Feuerleiter gibt, die frei zugänglich sein muß; untersuchen Sie vorhandene Abflußrohre und Drainagen darauf, ob sie die zusätzlichen Wassermengen, die durch das Gießen der Pflanzen anfallen, aufnehmen können und nicht durch Erde und Blätter verstopft werden, und schauen Sie sich den derzeitigen Be-

Oben: Auf diesem Dach entstand ein attraktiver und mit Malven, Rosen und Waldrebe übersäter Bauerngarten in luftiger Höhe.

Links: Diese geschickt an der Mauer plazierten Terrakottatöpfe machen das Beste aus einer kleinen Fläche, während die immergrüne Bepflanzung das ganze Jahr über erfreut.

lag des Daches an. Außerdem empfiehlt es sich, einen Ingenieur, Architekten oder Baugutachter um Rat zu fragen, bevor man irgendwelche baulichen Veränderungen vornimmt.

Die Frage des Gewichts muß bei der Planung eines Dachgartens stets berücksichtigt werden, und Sie sollten einen Fachmann hinzuziehen, wenn Sie für größere Vorhaben die Belastbarkeit Ihres Daches berechnen. Im allgemeinen kann man davon ausgehen, daß es sich bei den Grenzmauern von Flachdächern um tragende Wände handelt, auf die man Kübel und Blumenkästen stellen kann - vorausgesetzt, diese werden sicher befestigt. Bei älteren Häusern sind die Dachbalken möglicherweise nicht stabil genug, um einen Dachgarten zu tragen und müßten vorher verstärkt werden.

Der nächste Schritt besteht darin, eine Abgrenzung zu errichten, beispielsweise in Form eines Geländers oder eines Zauns, die die Fläche umgibt. Im Idealfall sollte man ein Spaliergitter oder einen anderen Windfang darauf setzen. Der um die Dächer der Stadt pfeifende Wind ist zwar unberechenbar, aber ein Spalier filtert und mildert ihn ein wenig. Eine Kombination aus bruchsicherem, starkem Glas und einem Metallgitter, wie man es in einigen modernen Apartmenthäusern finden

kann, bietet sowohl Privatsphäre als auch Schutz. Falls es nicht möglich ist, ein Geländer oder einen anderen Windfang anzubringen, sollten Sie windresistente Sträucher oder Bäume in tiefen Trögen als Schutzgürtel für andere Pflanzen auf dem Dach in Erwägung ziehen. Zu den immergrünen Barrieren, die am besten Wind und Zugluft vertragen, gehören der Lebensbaum (*Thuja plicata* 'Atrovirens'), Schwarzkiefer (*Pinus nigra*) und Sanddorn (*Hippophae rhamnoides*).

Schutz und Begrünung erzielen Sie auch mit einem Spaliergitter, an dessen unterem Ende ein dekorativer Pflanzenbehälter steht, wie etwa ein mit Gartenfolie ausgelegter hölzerner Trog. Verwenden Sie für das Spalier Holzleisten von mindestens 2 cm x 3 cm Stärke, die Sie mit einer geeigneten wetterfesten Farbe anstreichen. Ein solches Gitterwerk ist stabil und praktisch; man könnte sogar eine aufklappbare Bank davorstellen, die dann sowohl als Kiste für Gartenutensilien wie auch als Sitzgelegenheit dient.

Es gibt auch Dächer, die nur auf einer oder zwei Seiten offen sind, beispielsweise über einem Anbau; hier bietet das Haus oder Apartment selbst auf einer oder mehreren Seiten Schutz und schwächt den Wind ein wenig ab. Die aufsteigende Wärme von den darunterliegenden, beheizten Räumen sorgt dafür, daß diese Gärten mehr oder weniger frostgeschützt sind, und wenn Sie einen schönen Kunstrasen auslegen, den Sie mit einem verzierten Spalier kombinieren, erhalten Sie ein zusätzliches Zimmer im Freien, das nur darauf wartet, mit Pflanzen eingerichtet zu werden. Falls Sie mehr Platz zur Verfügung haben, läßt

Links: Dieser interessante Dachgarten entstand mit Hilfe unterschiedlich hoher, dekorativer und mit Kletterpflanzen bewachsener Spaliere, die mit ihrem weißen Anstrich einen Eindruck räumlicher Tiefe erzeugen.

sich mit einer an der Hauswand befestigten Markise sowie dekorativen Säulen, an denen sich Kletterpflanzen emporranken, ein Eingang in Ihr Zimmer im Freien errichten. Die Bepflanzung kann auf die dekorative Gestaltung des Innenraums abgestimmt werden und sich über die gesamte Fläche erstrecken oder auf ein paar einfache Blumenkästen beschränken.

Mit Hilfe einer entsprechenden Beleuchtung, die Dachgärten etwas Geheimnisvolles verleiht, läßt sich ein solches Zimmer im Freien noch attraktiver gestalten. Dann es ist ein Vergnügen, draußen zu sitzen und ein Glas Wein zu genießen oder die Schatten und Formen, die Ihre Pflanzen werfen, von der Wohnung aus zu betrachten, falls der Dachgarten zu klein für eine Sitzgelegenheit ist. Die Installation einer Außenbeleuchtung überläßt man am besten einem qualifizierten Elektriker, und zwar bevor man die Bepflanzung vornimmt. Weniger ortsgebunden sind freistehende Sturmlaternen oder -fackeln.

Der Boden

Ein Dach mit einem weichen Asphaltbelag benötigt eine Abdeckung - beispielsweise aus schlichten, leichten Keramikfliesen - zum Schutz gegen Abnutzung und Verschleiß. Wenn das Dach stabil genug ist, eignen sich Terrakottafliesen besonders gut, die einfach zu reinigen sind und darüber hinaus einen perfekten Hintergrund für dekorative Töpfe bilden. Ein Holzboden ist sowohl attraktiv als auch praktisch; er verteilt das Gewicht der Pflanzenbehälter und schützt das darunterliegende Dach. Man kann ihn aus Hart- oder Weichholz anfertigen, das mit einem Konservierungsmittel druckimprägniert wurde, und ihn dann auf einen Zwischenboden aus Hartholz legen. Der Nachteil eines Holzbodens besteht darin, daß Gegenstände zwischen den Latten hindurchfal-

len können, außerdem verdunkelt ein Holzboden den darunterliegenden Raum, falls dieser ein Oberlicht besitzt. Am besten baut man den Boden aus abnehmbaren Konstruktionselementen, um ihn hochheben und darunter reinigen zu können. Falls das Dach ein hervorstehendes Oberlicht aufweist, das sich nicht verkleiden läßt, kann man den Boden durch den Holzbelag auf die gleiche Höhe bringen. Kunstrasen ist heute fast überall erhältlich; falls das Dach dem Wind ausgesetzt ist, kann man ihn mit einem Spezialkleb-

stoff fest mit dem Boden verkleben. Durch diese künstliche Grünfläche kann nichts mehr hindurchfallen; dennoch ist sie luftdurchlässig und sollte von Zeit zu Zeit mit dem Gartenschlauch abgespritzt werden. Das Wasser kann dann durch ein entsprechend installiertes Drainagesystem wieder abfließen.

Unten: Das phantastische Wasserspiel mit rautenförmig gemusterten Kacheln und die Pelargonientöpfe verwandelten dieses Garagendach in einen eleganten Garten.

bingei 'Gilt Edge') oder Stechpalme (*Ilex aquifolium* 'Golden King'), die entweder einzeln stehen oder zu einer Dreiergruppe kombiniert werden. Mögliche Veränderungen in der Bepflanzung können das ganze Jahr über vorgenommen werden: Der Baum bleibt an seinem Platz, aber je nach Jahreszeit gedeihen z.B. frühblühende Zwiebelgewächse oder ein Beet mit Sommerblumen an seinem Fuß. Diese Methode bietet sich auch für Kletterpflanzen an, deren Wurzeln genügend Platz brauchen, um sich auszubreiten.

Balkone

Balkone sind zwar keine expliziten Dachgärten, aber auch sie bieten eine erhöhte, meist sonnige Lage. Leider ist bei den meisten Wohnhäusern nur auf dem einen oder anderen Balkon etwas Grünes zu sehen. Aber es gibt auch andere Balkone, die mit Efeuranken, Pelargonien und üppigen Lobelien geschmückt sind und die Tristheit der Stadt vergessen lassen. Für den Anfang genügt schon ein gut gefüllter Kübel oder ein einzelner Baum in einem vielleicht noch mit ein paar Kräutern bepflanzten Ölfaß, um den Balkon mit lebendigem Grün zu versehen.

Schwere Blumenkästen auf Betonmauern mögen sicher erscheinen, aber es ist empfiehlt sich, sie sorgfältig zu befestigen - entweder mit einem starken Schraubenbolzen, der durch die Drainagelöcher am Boden mit der Mauerkrone verschraubt wird, oder mit Hilfe an der Mauer befestigter Haken. Da starke Stürme selbst schwere Gegenstände umwerfen können und hohe Bäume oder Sträucher wie ein Segel fungieren, muß alles gründlich gesichert sein, bevor man mit der Bepflanzung beginnt.

Wie bei allen kleinen Gartenflächen sollten Sie auch für Ihren Balkon die Farb- und Pflanzenkombinationen sorgfältig

Pflanzen und Bewässerung

Die Frage der Bewässerung ist bei allen Dachgärten von entscheidender Bedeutung, da die meisten Pflanzen in Töpfen und Trögen untergebracht sind, die durch Wind und Sonne besonders schnell austrocknen. Da der Transport voller Gießkannen von der Wohnung auf den Dachgarten schon bald zu einer lästigen Pflicht wird, sollten Sie sich überlegen, auf Ihrem Dach einen Wasserhahn anzubringen. Sie können sogar eines der ausgezeichneten - heutzutage überall erhältlichen - automatischen Bewässerungssysteme installieren, die entweder computergesteuert oder an einen Feuchtigkeitssensor im Boden angeschlossen sind. Dennoch empfiehlt es sich, einen separaten Wasseranschluß verlegen zu lassen, um spezielle Pflanzen besonders

Oben: *Die Mischung aus runden Funkienblättern, zartem Bambus, stachligem Keulenlilie, Hortensien, Buchsbaum und Strauchveronika läßt auf diesem kleinen Fleckchen gerade genug Platz für einen Tisch und Stühle.*

verwöhnen oder das Dach gelegentlich abspritzen zu können. Große Sträucher und Bäume benötigen für ihr Wachstum Pflanzgefäße von mindestens 50 cm Durchmesser. Die beste Lösung bietet ein großer Behälter, der von zwei bis drei kleineren und dekorativen Gefäßen flankiert wird. Auf diese Weise können Sie einen schlichten, aber großen Kübel verwenden, der sich mit attraktiven, blumengefüllten Arrangements kaschieren läßt. Ein eindrucksvolles Arrangement erzielen Sie mit einem stark gestutzten Eukalyptus (*Eucalyptus gunnii*), Ölweide (*Elaeagnus* x eb-

Rechts: *Umgeben von ausladenden Bäumen und üppigen Kletterpflanzen erinnert dieser Dachgarten mit seinem gepflegten Holzboden an einen schlichten japanischen Garten.*

auswählen und nur solche Gewächse verwenden, die mit dem Zimmer im Inneren harmonieren. Denken Sie daran, daß sich alle Pflanzen in ihrem Wachstum vom Balkon abwenden und nach außen oder nach unten klettern werden. Da zu zarte und verwässerte Farben kaum einen Kontrast zu Beton bilden, sollten Sie sich für kräftigere Farbschattierungen entscheiden als Sie normalerweise für Ihren Garten wählen würden.

Darüber hinaus kann ein zweiter Kübel oder eine Reihe von Kübeln mit Haken etwas tiefer an der Ihnen zugewandten Balkonwand angebracht werden. Auf diese Art erzielt man eine dichte Pflanzenwand, die einerseits beim Blick durch die Balkontür einen schönen Anblick bietet und andererseits noch genügend Platz für Stühle und einen Tisch läßt. Da diese niedrigeren Kübel immer im Schatten liegen, könnten Sie die obere Reihe mit den klassischen Zwergkoniferen, Pelargonien, Lobelien und Hängeverbenen bepflanzen und in der zweiten Reihe mit kleinen Spindelsträuchern, Efeuranken und Fleißigem Lieschen fortfahren, die alle innerhalb weniger Wochen immer dichter werden, bis schließlich kein nackter Beton mehr zu sehen ist. Ein häßlicher Ausblick auf das Nachbargebäude ließe sich durch eine *Cordyline australis* von der richtigen Größe in der Mitte der oberen Reihe kaschieren, die mit ihren wogenden Spitzen Bewegung in die Bepflanzung bringt. Obwohl diese Pflanze nur als bedingt winterhart gilt, trotzt sie wie viele Küstenpflanzen eisigen Winden erstaunlich gut. Eine Kombination aus Kübeln und Urnen ergibt ein noch interes-

santeres Arrangement für einen Balkon oder Dachgarten, das besonders gut zur Geltung käme, wenn die Grenzwände einheitlich quadratisch oder rechteckig sind. Stellen Sie die Urnen in die Ecken oder verwenden Sie hölzerne Tröge, die auf beiden Seiten in großen, quadratischen Kübeln enden, welche mit Bäumen oder Kletterpflanzen bestückt sind; so entsteht ein lebendiger Pflanzenturm.

Ein winziger Dachgarten

Die zarten Farben, Düfte und Strukturen dieses sonnigen Dachgartens sorgen für eine sehr mediterrane Atmosphäre. Darüber hinaus verfügt er über eine Rückwand und bietet damit unbegrenzte Möglichkeiten zur Verschönerung. Das an der einfachen Wand angebrachte Scheinfenster verleiht dem Garten eine zusätzliche Dimension, während die antike, von einem passenden Rahmen umgebene blinde Teaktür einfach und rustikal wirkt. Die in einem zarten Blaugrün gestrichenen Spaliere zu beiden Seiten sorgen für Abgeschiedenheit und Schutz, und die Terrakotta-Farbe der provençalischen Fliesen spiegelt sich in den Blumentöpfen wider. Wenn Ihr Dachgarten sich durch eine weniger sonnendurchflutete Lage auszeichnet, könnten Sie die Spaliere zur Aufhellung weiß streichen und die Terrakottatöpfe durch leuchtend weiße, hölzerne oder glasierte Töpfe ersetzen.

Anbringen der blinden Tür

Schrauben Sie die Tür mit vier langen Schrauben und Dübeln an jeder Ecke direkt an die Wand und achten Sie darauf, daß die Tür etwa 10 cm über dem Boden angebracht wird, damit darunter genügend Platz für eine Stufe aus Naturstein vorhanden ist. Dann schrauben Sie den Türrahmen an die Wand, der aus grob gesägtem Holz besteht und passend zur Tür silbergrau gebeizt ist.

Ein mediterranes Fenster

Anstelle einer falschen Tür können Sie auch ein vollständiges Fenster mit Rahmen, Läden und einem Blumenkasten mit Pelargonien anbringen. Montieren Sie

Rechts: Dieses Scheinfenster mit seinen leuchtend grünen Läden und dem schön bepflanzten Blumenkasten blickt auf eine einfache mediterrane Landschaft, die direkt auf die Hauswand dieses Dachgartens gemalt wurde.

einfach einen alten Fensterrahmen an die Wand oder fertigen Sie das Fenster aus einem schlichten Holzrahmen mit einem Lattenkreuz.

Pflegearbeiten

- Installieren Sie einen Wasserhahn, damit Sie die Pflanzen problemlos gießen können.
- Gießen Sie die Pflanzen regelmäßig, insbesondere bei ständigem Wind und starker Sonneneinstrahlung.

Pflanzenliste

Von links nach rechts:

- Ein Trog mit *Solanum jasminoides* 'Album', *Pelargnonium* 'L'Elégant', zarten blauen und malvenfarbenen Petunien sowie *Heliotropium* 'Princess Marina'
- Ein Trog mit *Melianthus major* und *Scaevola saligna* 'Blue Wonder' und Thymian
- Ein Kübel mit *Rosa* 'The Fairy' und Petersilie
- Ein Trog mit *Pittosporum tobira*, *Argyranthemum frutescens*, *Felicia amelloides* 'Santa Anita' und *Verbena* 'Silver Anne'
- Zwei Kübel mit *Cupressus glabra* und *Viola cornuta* 'Belmont Blue'
- Ein Kübel mit *Citrus* x *sinensis* 'Meyer'
- Ein Trog mit *Trachelospermum jasminoides*
- Ein Kübel mit *Lilium regale*

Die Pflege des Ziergartens

»Was ohne Mühe geschrieben wurde, wird selten mit Vergnügen gelesen« - diese Einstellung, läßt sich auch auf einen Garten übertragen. Denn ein ohne Anstrengung oder Mühe angelegter Garten wird wohl kaum jemanden begeistern. Man sollte sich unbedingt klarmachen, daß kleine Gärten nicht nur einer besonderen Pflege bedürfen, sondern daß man als Gärtner auch bereit sein muß, die Pflanzen viel häufiger zu entfernen und auszutauschen als in einem größeren Garten. Pflanzen, die sich nicht entfalten können, weil sie in ein winziges Beet gequetscht wurden, die kein Licht bekommen und von benachbarten Artgenossen bedrängt, von kräftigen Windstößen geschüttelt oder von der Sonne versengt werden, können kaum lange überleben. Darüber hinaus müssen sich die Pflanzen problemlos stutzen und zurückschneiden lassen - um Platz zu schaffen oder den Lichteinfall zu vergrößern - sowie eine besondere Widerstandsfähigkeit gegen Blattläuse und andere, immer wieder auftretende Krankheiten aufweisen. Aber wie hingebungsvoll wir sie auch gießen, düngen und besprühen mögen - viele von ihnen werden schließlich jämmerlich verwelken oder eingehen und müssen dann entfernt werden.

Dies alles mag sich vielleicht entmutigend anhören und die Vermutung nahelegen, daß Sie ständig in Ihrem kleinen Garten herumlaufen und sprühen, beschneiden und umgraben müssen. Aber dieser Eindruck täuscht: Ihr Ziel sollte es sein, nur sehr wenige Pflegearbeiten zu übernehmen, diese aber möglichst regelmäßig zu erledigen - nur so können Sie verhindern, daß Ihr Garten schließlich doch eine Menge Arbeit bereitet. So wie Sie in einer freien Minute mit dem Staubtuch einmal schnell Ihre Möbel abwischen, läßt sich im Vorbeigehen auch eine verwelkte Blüte abzupfen. Das Besprühen Ihrer Pflanzen können Sie erledigen, während Sie auf das Essen oder eine bestimmte Sendung im Fernsehen warten. Wenn Sie sich gerne mit Ihren Pflanzen beschäftigen und das tägliche Entfernen welker Blüten, die Suche nach Schädlingen und das Gießen als Ausgleich zu einem aufreibenden Berufsleben empfinden, gibt es immer etwas zu tun; falls aber Ihre Zeit sehr knapp bemessen ist, sollte das Motto Ihrer Gartenarbeit »Wenig, aber oft« lauten.

Gartenhygiene

Eine kleine Gartenfläche sollte stets saubergehalten werden: Nichts sieht häßlicher aus als vertrocknete Pflanzen, Müllhaufen und Türme aus alten Plastiktöpfen. Sorgen Sie dafür, daß Sie einen oder zwei Besen, ein Kehrblech und ein paar Plastiksäcke immer schnell zur Hand haben und nehmen Sie sich vor, nach jeder Gartenarbeit sauber zu machen. Ideal wäre ein Schrank oder eine Kiste im Garten, mit genügend Platz für Besen, Kehrblech, Säcke, Gartenscheren, eine kleine Harke und Schaufel, eine Sprühflasche zum Düngen der Blattpflanzen, eine weitere für Insektizide und andere Schädlingsbekämpfungsmittel, Drahtrollen, Rankhilfen oder Wandhaken sowie andere Utensilien. Wenn im Garten kein Platz ist, sollten diese Dinge griffbereit im Haus untergebracht werden.

Düngen und Gießen

Pflanzen, die mit wenig Platz auskommen müssen und daher gezwungen sind, ein etwas unnatürliches Leben zu führen, müssen besonders in ihrer Hauptwachstumszeit durch eine bessere Düngung und Bewässerung entschädigt werden. Alle Beetpflanzen in dicht bestückten Töpfen oder Blumenkästen sollten einmal in der Woche eine niedrig konzentrierte Lösung aus ausgewogenem organischem Allzweckdünger, Tomatendünger oder Jauche bekommen. Stecken Sie nach dem Bepflanzen nährstoffhaltige Depottabletten und Düngestäbchen gemäß den Angaben des Herstellers in die Töpfe und geben Sie wasserspeicherndes Granulat in Pflanzenampeln und schwer erreichbare Blumentöpfe. Sträucher, Bäume und Kletterpflanzen müssen nicht so häufig gedüngt werden; dennoch dünge ich sie im Frühjahr und zu Beginn des Sommers einmal monatlich. Rosen behandelt man am besten mit speziellem Rosendünger: Geben Sie ihnen eine Dosis am Anfang des Frühlings und eine weitere nach der ersten Blüte, und bedecken Sie

sie im Herbst mit einer Schicht Mulch aus organischem Material.

Wenn der Garten hauptsächlich aus Blumentöpfen besteht oder in einem schattigen Durchgang bzw. im Souterrain liegt, hat eine ausreichende Bewässerung Vorrang vor allem anderen. Das üppige Wachstum, das man in gut gepflegten Gärten bewundern kann, ist eher regelmäßigem und sorgfältigem Gießen als Düngemitteln zu verdanken. Am besten lernen Sie nicht nur, mit den

Fingern zu erfühlen, ob der Boden unter der Oberfläche trocken ist, sondern auch, wie man ihn langsam und gründlich gießt. Erst wenn das Wasser unten aus dem Blumentopf herausläuft, können Sie aufhören zu gießen. Außerdem ist es besser, die Pflanzen regelmäßig einmal gut zu tränken als sie jeden Tag nur ein bißchen zu besprenkeln. Im Sommer müssen Sie mindestens dreimal pro Woche gießen, wenn Sie es nicht doch täglich schaffen; im Winter

Oben: Die sauber gefegten Platten, die Stützmauern und die schön geschnittenen Hecken sorgen für frische Eleganz in diesem kleinen Garten.

sollten Sie die Töpfe regelmäßig kontrollieren und nur dann gießen, wenn die Erde wirklich trocken ist, aber niemals bei Frost.

Schädlinge und Krankheiten

Insektizide sollten Sie nur im äußersten Notfall einsetzen. Achten Sie darauf, stets die richtige Menge zu nehmen und auch kleinere Mengen im korrekten Mischungsverhältnis anzurühren. Eine 1,25 Liter fassende Sprühflasche ist eine gute Größe für eine Behandlung mit Insektiziden und anderen Pflanzenschutzmitteln. Allerdings empfiehlt es sich, für Schädlingsbekämpfungsmittel und Flüssigdünger zwei separate Flaschen zu verwenden. Diese Größe reicht für einen Garten mit einer Reihe von Pflanzen; aber wenn Ihr Garten nur sparsam bepflanzt ist, bieten sich Fertigmischungen in Sprühdosen an.

Bevor Sie jedoch eine Pflanze mit chemischen Mitteln behandeln, versuchen Sie zuerst, Blattläuse und andere Schädlinge mit der Hand zu entfernen, indem Sie sie absammeln. Raupen und Schnecken sind leicht zu erkennen und abzulesen, aber von Mottenschildläusen befallene Pflanzen müssen im allgemeinen behandelt werden.

Kugelasseln, die sich unter Töpfen aufhalten, sind relativ harmlos und ernähren sich hauptsächlich von verrottenden Blättern, so daß sie durch Sauberkeit ferngehalten werden können. Schnecken jagt man am besten abends. Wenn Sie die Schädlinge nicht von Hand absammeln wollen, können Sie die befallenen Pflanzen auch mit klarem Wasser abspritzen oder mit Seifenlauge besprenkeln.

Wenn Lilien in Ihrem Garten wachsen, sollten Sie das hellrote und leicht zu erkennende Lilienhähnchen sofort entfernen, bevor es seine schwarzen Eier auf die Unterseiten der Blätter legt. Notfalls können Sie die Pflanzen mit Schmierseifen-Spiritus Lösung oder mit Pyrethrum-Präparaten behandeln.

Ihre Grundausstattung zur Schädlingsbekämpfung sollte folgende Mittel enthalten: ein spezielles, für die meisten nützlichen Insekten harmloses Spray gegen Blattläuse und ein Fungizid gegen Mehltau. Möglicherweise benötigen Sie auch ein spezielles Rosenspray, mit dem Blattläuse und Sternrußtau

Oben: Dieser geschickt verborgene Kompostbehälter kann in einem kleinen Garten zu einem Bestandteil der Gartendekoration werden, wenn man Töpfe mit bunten Pelargonien darauf stellt.

Rechts: Diese schöne Kiste zum Aufbewahren von Gartengeräten läßt sich auch als Sitzbank nutzen.

gleichzeitig verhindert und bekämpft werden sowie ein spezielles Spray zur Bekämpfung von Lorbeer- oder Buchsbohrern. Eine weitere wichtige Voraussetzung bei der Gartenarbeit ist eine gewisse Entschlossenheit: Wenn eine Pflanze offensichtlich krank oder von Flecken, Pilzen oder Virusinfektionen befallen ist, sollten Sie sie sofort verbrennen oder wegwerfen, bevor sie andere Pflanzen ansteckt.

Anzucht und Vermehrung

Neben den allgemeinen Pflegearbeiten, die in unseren kleinen Gärten anfallen, müssen wir uns auch mit der Anzucht und Saat von Pflanzen, dem Schneiden von Stecklingen und Ablegern sowie dem Austausch alter Pflanzen gegen neue beschäftigen. Nur wenige kleine Gärten bieten mehr Platz als für ein paar Töpfe mit Samen von beispielsweise Kapuzinerkresse (*Tropaeolum*), Sonnenblume (*Helianthus*), Prunkwinde (*Ipomoea*), Gartenwicke (*Lathyrus*), *Cobaea scandens*, Klatschmohn (*Papaver*) oder Jungfer im Grünen (*Nigella*). In eine kleine Lücke in einem dicht bepflanzten Beet passen vielleicht ein paar der kleinen Pflanzen, die Sie an einer anderen Stelle gezogen haben, während in einer anderen Ecke eine Pflanzschale mit gleichen Teilen Torf und Sand oder Vermiculite Platz findet, in der Sie Ableger aller möglichen Pflanzen unterbringen können.

Wenn Sie die Möglichkeit haben, einen jungen Bestand an Kapaster (*Felicia*), Bartfaden (*Penstemon*), Strauchmargerite (*Argyranthemum*) und Kapkörbchen (*Osteospermum*) zu überwintern, können Sie viel Geld sparen. Die Wurzelballen dieser Pflanzen lassen sich im Spätsommer leicht teilen, und die Jungpflanzen können im Winter geschützt

weiterwachsen, bevor sie im Frühjahr - wenn keine Frostgefahr mehr besteht - wieder eingepflanzt werden. Kleine, mit einer Glühbirne beheizte Gewächshäuschen bieten genügend Schutz, und auch auf Fensterbänken im Haus kann man zu Beginn des Frühlings Samen aussäen. Diese Form der Gartenarbeit ist nicht nur von Ihrer Zeit und Ihrem Interesse abhängig, sondern auch von dem in Ihrem Garten zur Verfügung stehenden Platz.

Beschneiden und Stutzen

Je weiter das Jahr fortschreitet, desto unordentlicher und unansehnlicher werden Ihre Sträucher, weil sie versuchen, mehr Licht zu bekommen. Daher sollten Sie sie regelmäßig an einen Zaun oder ein Spalier binden und sorgfältig zurückschneiden. Mit Hilfe von Bambusstangen, die in die Erde gesteckt werden, lassen sich auch nach vorne geneigte Sträucher wieder aufrichten; man kann sie natürlich auch in den hinteren Teil des Beets stecken und die Sträucher mit Draht daran festbinden. Wenn Sie Blumentöpfe und -kästen von Zeit zu Zeit drehen, entwickeln die Pflanzen keine kahlen Stellen, wobei eine regelmäßige Vierteldrehung mit Sicherheit besser ist als eine einmal jährliche Drehung um 180 Grad.

Scheuen Sie sich nicht, einen Baum oder Strauch zurückzuschneiden, wenn er zu sehr über den ihm zugewiesenen Platz hinauswächst: Schauen Sie sich zuerst seinen Gesamtzustand an, bevor Sie ihn stutzen, und schneiden Sie die Äste lieber am Ansatz als in der Mitte ab. Sehr stark wuchernde Kletterpflanzen oder Wandsträucher wie *Solanum crispum* 'Glasnevin', *Solanum jasminoides*, *Actinidia kolomikta* sowie vie-

le Waldrebe- und Geißblattarten können zu Beginn des Frühjahrs und gelegentlich im Sommer bis auf das dicke, stammartige Holz zurückgeschnitten werden.

Einige immergrüne Sträucher sollten ebenfalls stark zurückgeschnitten werden, damit sie nicht über die Grenzen unserer kleinen Gärten hinauswachsen. Dazu gehören *Arbutus unedo, Choisya ternata, Rhamnus alaternus, Daphne odora, Mahonia japonica, Sarcococca humilis* sowie Klebsame (*Pittosporum*), Duftblüte (*Osmanthus*), Kamelien und viele andere. Bäume wie *Acer negundo* 'Flamingo' und *Eucalyptus gunnii* können jährlich oder alle zwei Jahre stark gestutzt, d.h. bis auf den Stamm zurückgeschnitten werden, und Koniferen wie *Chamaecyparis lawsoniana* bringt man wieder in Form, indem man ihre Äste bis auf den Stamm zurückschneidet und ihre Spitzen kürzt.

Pflanzenverzeichnis

Erklärung der Symbole

Frostempfindlichkeit

▲ winterhart

⧊ bedingt winterhart,
z. T. Winterschutz nötig

△ frostempfindlich

Jahreszeit , in der die Pflanze besonders interessant ist:

⚘ Frühling

✿ Sommer

❀ Herbst

❄ Winter

Standort

☀ Sonne

◐ Halbschatten

● Schatten

- Da es sich bei den meisten Ziergärten um kleine, geschlossene Flächen handelt, die relativ geschützt sind, können bedingt winterharte und leicht frostempfindliche Pflanzen eher als gewöhnlich verwendet werden und den Winter über im Freien stehen, eventuell mit einem Winterschutz. Einen ausgesprochen harten Winter überleben jedoch nur die wenigsten frostempfindlichen Pflanzen. Daher sollten Sie sich sicherheitshalber ein paar Ableger schneiden, falls Sie die Möglichkeit haben, diese Pflanzen im Haus zu züchten.

- Die Größe der Pflanzen in den Abschnitten über *Bäume und Sträucher, Kletterpflanzen* sowie *Gräser und Bambus* ist wie folgt definiert:

Klein:	nicht größer als 60 cm
Mittelgroß:	nicht größer als 2,5 m
Groß:	bis zu 6 m

Bäume und Sträucher

Im Laufe der Zeit werden fast alle Bäume und Sträucher über die Grenzen eines kleinen Ziergartens hinauswachsen - egal, wie gründlich Sie sie stutzen und zurückschneiden. Deshalb sind endgültige Angaben über Höhe und Breite für kleine Gärten etwas fragwürdig. Man sollte nicht vergessen, daß alle Pflanzen, die in Töpfen oder erhöhten Beeten wachsen und deren Wurzeln sich daher nicht ausbreiten können, ihre volle Größe langsamer erreichen als in der Erde. Denken Sie auch daran, daß ein geringer Lichteinfall dazu führt, daß die Pflanzen staksig und ausgezehrt wirken.

Bäume

Erbsenstrauch - *Caragana arborescens* 'Pendula'
Mittelgroß ☀ / ◐ / ● ▲ ⚘ / ✿
Diese kleinen, zähen, strauchartigen Bäume aus Sibirien und der Mandschurei widerstehen selbst Sturmböen und Temperaturen unter dem Nullpunkt und sind daher ideale Kandidaten für einen Dachgarten. Die paarig gefiederten, farnartigen Blätter sprießen im Frühjahr in leuchtendem, frischem Grün, zu denen sich später gelbe Blüten gesellen. Diese Sorte besitzt eine schöne, hängende Form und benötigt nur wenig Pflege.

Eschenahorn - *Acer negundo* 'Flamingo'
Groß ☀ / ◐ ▲ ⚘ / ✿
Dieser elegante und dekorative, aus Nordamerika stammende Baum trägt schön gefleckte Blätter in creme- und rosafarbenen sowie zartgrünen Schattierungen. Er mag es, wenn man ihn stark zurückschneidet.

Felsenbirne - *Amelanchier lamarckii*
Groß ☀ / ◐ ▲ ⚘ / ✿ / ❀
Ein wirklich winziger Garten kann durch diesen schönen Baum vielleicht überladen wirken, aber trotz seiner buschigen, sich ausbreitenden Form wächst er langsam und zeigt sich als ein wahres »Multitalent«. Im Frühjahr bilden sich weiße Blüten an den kahlen Stämmen, denen seidige, kupferfarbene junge Blätter folgen, die allmählich grün werden, bevor sie im Herbst erneut aufflammen. Dieser Baum mag keinen kalkhaltigen Boden und bevorzugt feuchte Erde sowie eine gute Drainage.

Hängebirke - *Betula pendula* 'Purpurea'
Mittelgroß ☀ / ● ▲ ✿
Dieser Baum mit dunkelroten Blättern ist anmutig und dekorativ. Da es sich um einen außergewöhnlich langsam wachsenden Sorte handelt, die sich über zehn Jahre kaum verändert, eignet sie sich wundervoll für kleine Gärten. Ich halte ihn in einem nach Norden ausgerichteten Beet, wo die dunkelroten Blätter über einer Gruppe von Nieswurz herabhängen.

Klebsame - *Pittosporum* 'Garnetti'
Groß ☀ ▲ ⚘ / ✿ / ❀ / ❄
Diese hübsche, immergrüne Pflanze aus Neuseeland bildet eine dicke, buschige und dichte Säule. Ihre gräulich-grünen Blätter besitzen cremefarbene Ränder; im Sommer bringt die Pflanze rötlich-violette Blüten hervor. Während einer Kälteperiode im Winter bekommen die Blätter eine rosa gesprenkelte Schattierung, und nach dem ersten Schnitt

im Frühling wächst sie wieder frisch und üppig mit cremefarben umrandeten Blätter, die an Spitzenkragen erinnern. Die Pflanze verträgt selbst starkes Zurückschneiden relativ gut.

Liguster - *Ligustrum lucidum* 'Excelsum Superbum'
Mittelgroß ☀ / ◑   ▲   ⚘ / ✿ / ✧ / ✳
Von den Mitgliedern der Familie der immergrünen Liguster, die leider häufig wegen ihrer Schlichtheit und ihres starken Geruchs übergangen werden, eignen sich einige besonders gut für kleine Gärten. Diese Sorte besitzt leuchtend gefleckte, tiefgelb und cremeweiß gesprenkelte Blätter und wächst zu einem kleinen, charmanten und charaktervollen Baum heran. Eine andere Sorte, *L. lucidum* 'Tricolor', mit schmalen, grüngrauen Blättern, die in jungen Jahren rosa getönt sind, entwickelt sich zu einem anmutigen, bogenförmig wachsenden Baum.

Sträucher

Große Sträucher übernehmen in einem sehr kleinen Garten die Rolle von Bäumen und agieren vor Wänden auch als »Kletterpflanzen«. Dabei bilden immergrüne Sträucher das Grundgerüst einer ganzjährigen Gartenbepflanzung, während solche mit dekorativen oder gefleckten Blättern einem Souterraingarten oder einem Hinterhof Leichtigkeit und Eleganz verleihen.

Bartblume - *Caryopteris* x *clandonensis* 'Heavenly Blue'
Klein   ☀   △   ✿ / ✧
Dieser buschige Strauch wird wegen seiner aromatischen, silbernen Blätter und dunkelblauen Blüten gepflanzt, die er im Spätsommer reichlich produziert. Ihre Zartheit bildet einen schönen Kontrast zu den anderen überreifen und schweren Blüten des Hochsommers. Da er kalkhaltige Böden bevorzugt, eignet er sich nicht für feuchte Ecken, würde auf einem sonnigen Dach aber gut zur Geltung kommen.

Beifuß - *Artemisia arborescens*
Groß   ☀   ▲   ⚘ / ✿ / ✧ / ✳
Diese Pflanze gehört zur Gruppe der Beifußgewächse. Bei ihrem Anblick denkt man aufgrund der aromatischen, silbrigen und filigranen Blätter sofort an einen Bauerngarten. An einem geschützten Standort darf sie ruhig in einen Kübel, in ein erhöhtes Beet oder auch an eine schmale Stelle gepflanzt werden, wo sie dann zu einem weichen, üppigen Kissen heranwächst. Diese Pflanze bildet einen attraktiven Hintergrund für jede Farbe und läßt sich gut mit Kletterpflanzen kombinieren - Rosen kommen dabei besonders schön zur Geltung.
Artemisia sollte am Ende des Frühjahrs zurückgeschnitten werden, damit sie ihre Form behält; falls man sie in einem Topf hält, empfiehlt es sich, sie alle drei Jahre herauszunehmen, zu teilen und umzutopfen. Wenn man sie regelmäßig zurückschneidet, bereitet diese Pflanze wenig Arbeit.

Bleiwurz - *Ceratostigma willmottianum*
Klein   ☀   ▲   ✿ / ✧
Dieser Strauch wird manchmal für eine winterharte Bleiwurz gehalten; er trägt prächtige, klare blaue Blüten vom Hochsommer bis zum Spätherbst, wenn seine kleinen runden Blätter in allen erdenklichen Rotschattierungen leuchten. Bleiwurz ist ein genügsamer Kandidat für eine sonnige Ecke, der problemlos ignoriert, zurückgeschnitten oder sogar von anderen Pflanzen überdeckt werden kann; meist bleibt sie deutlich unter ihrer maximalen Höhe von 90 cm.

Buchsbaum - *Buxus sempervirens* 'Elegantissima'
Klein   ☀ / ◑   ▲   ⚘ / ✿ / ✧ / ✳
Hierbei handelt es sich um eine silberne Sorte des bekannten Buchsbaums, die kleine, ziemlich unregelmäßige Blätter mit cremeweißen Rändern trägt. Sie wächst zu einer dichten, kompakten Form heran und kann zu einer silbernen Hecke gestaltet oder in eine beliebige Form geschnitten werden, die als Blickfang im Garten dient. Ein solcher Buchsbaum paßt sehr schön zu anderen

Pflanzen mit silbernen und goldenen Blättern, weshalb er sich gut in kleinen Gruppen anpflanzen läßt. Man kann ihn ohne weiteres immer in einem Topf halten.

Buddleie - *Buddleja alternifolia*
Schmetterlingsstrauch
Mittelgroß   ☀   ▲   ✿
Dieser große Strauch oder Baum besitzt leicht gekrümmte Zweige, an denen schmale, dunkelgrüne Blätter mit einer grauen Unterseite wachsen; im Hochsommer sind sie mit zart duftenden lila Blüten umhüllt. Die Buddleie läßt sich zu einem kleinen Formbäumchen heranziehen. Wenn man sie in einem Topf hält, bleibt sie länger jung und kann mit einer zarten Waldrebe wie *Clematis florida* 'Sieboldii' zusammen wachsen. Allzu lange Äste muß man gegebenenfalls kürzen, und der Stamm einer freistehenden Buddleie sollte mit einer Stange gestützt werden.

Kamelie - *Camellia*
Mittelgroß   ◑   ▲   ✳ / ⚘
In keinem Buch zum Thema kleiner, vielleicht ungünstig gelegener Gärten dürfen diese immergrünen Sträucher mit ihren reizenden Blüten fehlen, die selbst im Schatten wachsen und gedeihen. Ihre Blüten können einfach oder gefüllt sein, eine anemonen- oder pfingstrosenähnliche Blütenmitte aufweisen und alle Schattierungen von Rot bis zu Schneeweiß zeigen. Für unsere Zwecke müssen wir uns jedoch auf die kompakten Sorten beschränken: 'Alba simplex' besitzt rein weiße, einfache Blüten mit auffälligen gelben Staubbeuteln; 'Jupiter' ist sehr kompakt mit einfachen Blüten in einem warmen Dunkelrosa; 'Gloire de Nantes' trägt große rosige Blüten, 'Contessa Lavinia Maggi' weiße gefüllte, rosa und karmesinrot gestreifte oder gepunktete Blüten; 'Mary Charlotte' wächst aufrecht, mit anemonenförmigen hellrosa Blüten; 'J.C. Williams' hat einfache, klare rosafarbene Blüten und wird von vielen für die schönste aller Kamelien gehalten. Kamelien gedeihen in neutralem oder saurem, mit Torf angereichertem Boden und sind ideal als Kübelpflanzen geeignet.

Rose - *Rosa*
Klein/Mittelgroß/Groß ☀ ▲ ✿

Wenn sie genügend Sonne erhalten, sorgen Rosen in kleinen Gärten für eine lange Blütenpracht. Unter den Kletterrosen ist mir 'Aloha' die liebste, obwohl man sie eher als einen großen Strauch betrachten kann. Sie ist robust und schön - wichtige Eigenschaften für diese oft von Krankheiten befallene Art. Ihre dunklen, ziegelroten, duftenden Blüten scheinen den ganzen Sommer zu blühen. 'Graham Thomas', eine Teerose von warmem Gelb, wächst in einem größeren Garten zu einem hohen Strauch heran, aber auf begrenzter Fläche bildet sie vor einer Rückwand einen guten Ersatz für eine Kletterpflanze. 'Mary Rose' bringt viele Wochen lang süß duftende altmodische Blüten hervor. Obwohl sie zuerst eher langsam gedeiht, ist sie herrlich, wenn sie sich einmal eingelebt hat. Mit 'Nathalie Nypels' trifft man eine ausgezeichnete Wahl für einen winzigen, sonnigen Garten; diese Sorte besitzt dunkle, glänzende Blätter sowie zart rosafarbene, dichte Blüten, die am Ansatz einen Hauch von Gelb zeigen und während des Sommers fast unaufhörlich blühen. 'Margaret Merril' ist eine hinreißende, süßlich duftende Rose, deren gefüllte, weiße Blüten einen ganz blassen Hauch von Rosa zeigen. 'Bianco', die als Patio-Rose (also Zwergrose) verkauft wird, wächst bis zu einer Höhe von 90 cm heran und bringt den ganzen Sommer über unermüdlich hübsche, cremefarbene kleine Blütenknöpfe hervor. 'The Fairy' eignet sich als bodendeckende oder Kleinstrauchrose, während 'Ballerina' bis zu 1 Meter hoch wird. Als besondere Bereicherung für winzig kleine Gärten kann man im Frühsommer in Blumengeschäften und Gartencentern Miniaturrosen voller Knospen kaufen; wählen Sie die Farben sorgfältig aus und machen Sie sie zum Blickfang Ihrer Beete. Am Ende der Saison können Sie sie verschenken oder entfernen.

Säckelblume - *Ceanothus*
Mittelgroß ☀ △ ⚘/✿

Mit seinen prächtigen blauen Blüten und hübschen, leuchtenden immergrünen Blättern eignet sich dieser Strauch gut für einen warmen, geschützten Standort. Diese Gattung hat eine kurze Lebensdauer, wächst aber schnell, so daß sie sich für kleine Gärten geradezu anbietet, sofern eine gute Drainage gewährleistet ist. Weniger kräftige Kletterpflanzen können wirkungsvoll mit der Säckelblume kombiniert werden. C. 'Burkwoodii' und C. 'A.T. Johnson' blühen zweimal jährlich und bleiben relativ klein. C. thyrsiflorus repens bildet ein breites, niedriges, mit leuchtend blauen Blüten bedecktes Polster und eignet sich gut zum Bepflanzen einer Mauer. Falls erforderlich, schneidet man ihn am besten direkt nach der Blüte zurück.

Silberwinde - *Convolvulus cneorum*
Klein ☀ ▲ ✿

Dieser Steingarten-Strauch präsentiert das ganze Jahr über weiche, seidige, silbergraue Blätter und cremig weiße, trichterförmige Blüten, die die runde Pflanze während des ganzen Hochsommers bedecken und deren Knospe von äußeren, rosafarbenen Blüten umhüllt sind. Die Silberwinde benötigt eine gute Drainage und eine geschützte Ecke, gedeiht aber auch in Blumenkästen und wärmespeichernden Kübeln - eine attraktive, pflegeleichte Pflanze für ein sonniges Fleckchen.

Spindelstrauch - *Euonymus fortunei*
Klein ☀/◐/● ▲ ⚘/✿/❀/❄

Diese heiteren Pflanzen sind ein Gewinn für jeden kleinen und schattigen Garten, und ihre cremeweißen, gefleckten Varietäten hellen selbst die düstersten Ecken auf. Sie bleiben klein und flach oder kriechen eine Wand hinauf, wobei sie keine Kletterhilfe benötigen. 'Emerald Gaiety' hat runde, im Frühjahr blaßgelbe Blätter, ebenso wie die 'Silver Queen', deren Blätter aber spitzer zulaufen; die 'Emerald'n Gold' dagegen besitzt eine noch leuchtendere Farbe.

Strauchveronika - *Hebe*
Klein/Mittelgroß ☀ ▲ ⚘/✿/❀/❄

Eine herrliche Pflanzenspezies, hauptsächlich aus Neuseeland, mit einer Vielzahl von Farben und Wuchsformen. Alle Sorten besitzen schöne Blätter und ansprechende Formen und sind genügsam und anpassungsfähig. Die mit einer weißlichen Schicht überzogenen Blätter der H. albicans 'Red Edge' sind von einer dünnen, dunkelroten Linie umgeben; sie bildet ein kompaktes Polster, das im Sommer spitze weiße Blüten hervorbringt. H. pinguifolia 'Pagei' ist silbern mit bläulich violetten Blüten und bildet dichte, kriechende Ausläufer. Mit ihren warmen, klaren und leuchtend grünen Blättern zählt H. rakaiensis zu meinen Favoriten. Unter Bäumen kann diese Pflanze eine hübsche Hecke bilden oder einer dürftigen Pflanzengruppe ein wenig Dichte verleihen. Schneiden Sie sie zurück, um ihre ansprechende runde Form zur Geltung zu bringen, oder stutzen Sie sie zu einer kurzen Hecke. H. buxifolia 'Nana' ist eine reizende, runde Miniatur-Version in Apfelgrün. H. topiaria ist ebenfalls klein und hübsch, mit gräulich grünen Blättern; in einer dekorativen Urne setzt sie einen perfekten Akzent - ein winziges Formbäumchen für eine winzige Ecke. Einige Arten sind frostempfindlich.

Zwergmispel - *Cotoneaster*
Klein/Mittelgroß ☀/◐/● ▲ ✿/❀

C. dammeri ist ein nützlicher, dekorativer Strauch für die Bepflanzung einer ungünstig gelegenen Ecke oder einer Wand. Obwohl sie im allgemeinen als »Bodendecker« gilt, würde diese immergrüne und im Herbst mit scharlachroten Beeren übersäte Pflanze gut in Durchgänge und Einfahrten passen. C. x suecicus 'Coral Beauty' bildet lieber Polster, als zu kriechen. C. salicifolius 'Hybridus Pendulus' entwickelt sich zu einem reizenden kleinen Hängebaum, wenn sie an einem Stamm wächst, und eignet sich gut als aufrechter Formstrauch, dessen rankende, glänzende immergrüne Äste im Herbst und Winter Unmengen von leuchtend roten Früchten tragen. C. horizontalis bildet einen interessanten, fischgrätenförmigen Umriß, wenn er an einer Wand hinaufklettert. Diese Pflanze ist im Sommer von Bienen übersät; sie färbt sich im Herbst tiefrot, bringt zahlreiche Beeren hervor und gedeiht auch an kalten, schattigen Standorten. Auch wenn es sich um eine laubabwerfende Pflanze handelt, bildet die Zwergmispel in einem erhöhten Beet oder einer ungünstig gelegenen Ecke einen guten Hintergrund und läßt sich, wenn nötig, einfach zurückschneiden. Die hübsche, weiß umrandete Varietät 'Variegatus' ist zwar weniger robust und nicht so beerenreich, wirkt aber aus der Entfernung betrachtet weich und silbergrau und besitzt im Herbst eine langanhaltende, tief rosafarbene Tönung.

Kletterpflanzen

Kletterpflanzen sorgen für die wertvolle dritte Dimension und ermöglichen es, Wände, Geländer und Zäune als Erweiterung unserer begrenzten Flächen zu nutzen. Zu dieser Gruppe rechne ich sowohl Wandpflanzen als auch richtige Kletterpflanzen.

Efeu - *Hedera helix* ssp. *helix*
Klein

In keinem Garten - ob groß oder klein - sollte Efeu fehlen, und aufgrund ihrer erstaunlichen Vielseitigkeit ist diese Pflanze geradezu ideal für winzige Gartenflächen. Sie können sie als Bodendecker, Kletterpflanze oder Formbäumchen verwenden, zur Abrundung von Ecken, in Blumenampeln und -kästen oder als Hintergrund für blühende Kletterpflanzen. Sehen Sie sich die erstaunlichen Farben und Wachstumsformen an, die in Gartencentern und Baumschulen angeboten werden. Sie alle gedeihen in jedem Boden und an jedem Standort, und nur solche mit gefleckten Blätter neigen dazu, im Schatten grün zu werden. Am besten für kleine Gärten geeignet sind 'Goldheart', ein kleiner bis mittelgroßer Efeu mit dunkelgrünen, in der Mitte leuchtend gelben Blättern; 'Little Diamond', mit spitzen, silbernen Blättern und buschiger Form; 'Manda's Crested', mit gewellten, mittelgroßen grünen Blättern, die sich im Herbst rot färben sowie 'Eva', eine kleine bis mittelgroße Sorte mit hübsch gefleckten, grünen und cremefarbenen Blättern.

Fremontodendron - *Fremontodendron californicum*
Groß

Dieser leicht frostempfindliche immergrüne Strauch braucht eine geschützte Wand, um den ganzen Sommer über seine großen, tiefgelben Blüten zwischen olivgrünen, haarigen Blättern hervorzubringen. Die ganze Pflanze ist so behaart, daß sie fast stachlig wirkt, und so leuchtend gelb, daß man ihren Standort sorgfältig auswählen muß; dort erfreut sie allerdings durch ihre fröhliche Farbe. Pflanzen Sie sie so, daß sie vor einer Wand ihre ganze Leuchtkraft entfalten kann.

Jasmin - *Jasminum polyanthum*
Groß

Diese Spezies ist weniger robust als *Jasminum officinale*, der sie zwar ähnelt, die aber zu groß für einen kleinen Garten wird. Wenn man den Jasmin an einer geschützen Mauer pflanzt, verströmen seine weißen Blüten ihren herrlichen Duft in der Luft. *J.* x *stephanense* ist eine schöne Hybride, deren Blätter im Sommer cremefarben gefleckt sein können. Ihre blaß rosafarbenen Blüten passen gut zu blauem *Felicia*, rosafarbener *Diascia* oder blauer *Ceanothus* x *delieanus*.

Nachtschatten - *Solanum jasminoides* 'Album'
Mittelgroß/Groß

Diese schöne rankende Kletterpflanze, deren weiße, kartoffelähnliche Blüten am Ende des Frühlings sprießen und bis zum ersten Frost unaufhörlich weiterblühen, ist einer der absoluten Favoriten für sonnige, geschützte Gärten. Sie klettert munter durch Sträucher, über Spaliere oder an Bäumen hinauf, läßt sich aber problemlos zurückschneiden. In kalten Wintern kann sie etwas zurückgehen, aber im Frühsommer des nächsten Jahres wird sie wieder nachgewachsen sein und blühen.

Ruhmesblume - *Clianthus puniceus*
Groß

Bei dieser frostempfindlichen, immergrünen Pflanze handelt es sich um einen Spalierstrauch mit elegant gefiederten Blättern, der im Sommer verblüffende Blüten in Form einer »Hummerschere« hervorbringt. Es gibt eine schöne weiße Sorte namens 'Albus' und verschiedene Sorten aus Neuseeland in dunklem Rosé, Scharlachrot und grüngeflecktem Weiß. Wählen Sie einen sehr geschützten, sonnigen Standort für diese Pflanze und lassen Sie sie an einem Spalier wachsen; an einem sonnigen Fleck in einem Souterraingarten oder sogar in einer Einfahrt käme sie eindrucksvoll zur Geltung. Im Winter muß sie relativ trocken gehalten werden, aber während des Sommers benötigt sie an Wurzeln und Blättern viel Feuchtigkeit.

Spalthortensie - *Schizophragma hydrangeoides*
Groß

Hierbei handelt es sich um eine kletterfreudige Verwandte der Hortensien, deren Blüten denen der *Hydrangea petiolaris* ähneln und die im Sommer mindestens zwei Monate blühen. Die jungen Setzlinge brauchen ein wenig Zeit, um sich einzugewöhnen und sich an der Wand festzuklammern. Obwohl diese Pflanze irgendwann zu üppig für einen kleinen Garten wird, kann sie bis dahin eine nackte, schattige Wand verkleiden, beispielsweise in einem Durchgang. 'Roseum' besitzt klare rosafarbene Blüten, und 'Moonlight' silbrig grau gesprenkelte Blätter.

Sternjasmin - *Trachelospermum jasminoides*
Klein

Eine reizende, immergrüne Kletterpflanze, die es im Hochsommer mit einer Fülle herrlich duftender, cremefarbener Blüten dankt, wenn man sie an einen geschützten Platz pflanzt; ihre glänzenden Blätter wirken wie poliert. Die langsam sich emporrankende Pflanze verdient eine geschützte Ecke, wo sie entweder zu einem Obelisken oder einer Zeltform herangezogen oder neben eine Bank oder einen Eingang plaziert werden kann - vielleicht in einem schönen Topf unter einem Vordach. Ihre gefleckte Varietät scheint nur sparsam zu blühen, aber die graugrünen, weiß umrandeten Blätter werden im Winter bläulich rosa.

Waldrebe - *Clematis*

Mittelgroß/Groß ☀ / ◑ ▲ ✿

Obwohl die meisten Waldrebenarten und -sorten für einen kleinen Garten zu kräftig sind, gibt es jedoch einige, zumindest für kurze Zeit unwiderstehliche Exemplare, die ein Gärtner aufgrund ihrer Schönheit und ihrer Fähigkeit, an einem anderen Strauch empor zu klettern, besonders schätzt. *C. alpina* wächst rasch zu Beginn des Frühlings und schiebt ihre frischen, hellgrünen Blätter durch den Strauch, an dem sie wächst bevor sie hübsche, wippende Blüten hervorbringt: zartes Lavendelblau bei der 'Frances Rivis', und Schneeweiß mit einer cremefarbenen Mitte bei der 'White Moth'. Wenn Sie sie sofort nach Überschreiten der Blüte zurückschneiden, kommt es vielleicht zu Beginn des Sommers zu einer zweiten Blütezeit. *C. macropetala* ist eine ähnliche Sorte mit einer »gefüllten« Blütenform: 'Marham's Pink' zeigt sich in einem wunderschönen Altrosa, 'Rosie O'Grady' in einem dunkleren Rosa und 'Maidwell Hall' besitzt dunkel violett-blaue, außen purpurrote Blüten. Sie alle müssen im Auge behalten werden, denn sie können den Strauch an dem Sie klettern erdrücken, wenn man die Gartenschere nicht richtig zu gebrauchen weiß. *C. viticella* gehört zu der Gruppe, die später blüht; sie muß zu Beginn des Frühjahrs bis auf den Ansatz zurückgeschnitten werden. Sie eignet sich vorzüglich als Partnerpflanze eines frühlingsblühenden Strauchs; wenn sie zu üppig wird, muß man sie eventuell ein zweites Mal zurückschneiden. Alle Sorten tragen im Hochsommer an den zurückgeschnittenen Ranken zahlreiche Blüten: 'Polish Spirit' zeigt ein faszinierendes Dunkelviolett, 'Royal Velours' ein intensives Weinrot und 'Purpurea Plena Elegans' gefüllte, zart rötlich-violette Blüten.

Die immergrüne *C. armandii* besitzt dunkel glänzende, spitz zulaufende Blätter; 'Snowdrift' produziert in den ersten Frühlingstagen zahllose schneeweiße, duftende Blüten, und 'Apple Blossom' zeigt rosa getönte Knospen, die sich zu weißen Blüten öffnen. Auch diese Sorten sollten nach der Blütezeit radikal zurückgeschnitten werden, da die neuen, kupferfarbenen Blätter genau dann sprießen, wenn die Blüten verwelken.

Stauden

Nur wenige echte mehrjährige Pflanzen eignen sich für einen winzigen Garten. Zwar mögen viele Sorten auf den ersten Blick brauchbar erscheinen, aber die Erfahrung hat gezeigt, daß nur wenige Stauden länger als ein oder zwei Jahre überleben. Allerdings können diese wenigen, nachfolgend aufgeführten Ausnahmen fast schon als unverzichtbar eingestuft werden.

Purpurglöckchen - *Heuchera*

☀ / ◑ / ● ▲ / △ ⚘ / ✿ / ⚜ / ❋

Diese Gruppe der niedrigwachsenden, krautartigen immergrünen Pflanzen entwickelt sich zu einem schönen Busch aus wohlgeformten Blättern, der im Sommer lange Zeit Blüten trägt. *H.* 'Coral Cloud' hat hübsche dunkelgrüne, gezahnte Blätter und herunterhängende rosafarbene Blüten. *H. cylindrica* 'Greenfinch' zeigt herzförmige, grüne Blätter, die zu einem dichten Polster heranwachsen, aus dem lange Blütenstände mit grünlich weißen Blüten herausragen. *H. micrantha* 'Palace Purple' mit ihren in einem tiefen Pflaumenton gefärbten Blättern erfreut sich zu Recht großer Beliebtheit und eignet sich als Randbepflanzung für erhöhte Beete, kleine Rosen oder enge Durchgänge - beispielsweise unter einer Waldrebe. Bei intensiver Sonnenbestrahlung verfärbt sie sich bronzefarben, aber im Halbschatten kommt ihre saftige, samtige Färbung am besten zur Geltung.

Heucherella tiarelloides

◑ / ● ▲ ✿ / ⚜

Diese Rosetten bildende, mehrjährige Pflanze wird 15-23 cm groß. Ihre immergrünen Blätter sind gekräuselt, und die winzigen, glockenförmigen, rosafarbenen Blüten erscheinen im Frühsommer. *H. alba* 'Bridget Bloom' bringt vom Frühsommer bis zum Herbst immer wieder rosarote Blüten hervor, und ihre leuchtend grünen Blätter bilden einen dichten Busch.

Liriope muscari

☀ / ◑ / ● ▲ ✿ / ⚜

Diese immergrüne, mehrjährige, wuchernde Staude trägt schmale, bänderartige, dunkelgrüne Blätter sowie dicht gedrängte, violett-blaue Blütenähren, die den Traubenhyazinthen ähneln. Die Pflanze ist zwar nicht auffällig, eignet sich aber gut für schwierige und schattige Ecken, beispielsweise als Randbepflanzung unter einer Kletterpflanze in einem Durchgang oder als Einfassung einer niedrigen Mauer im Schatten.

Lungenkraut - *Pulmonaria officinalis* 'Sissinghurst White'

◑ / ● ▲ ⚘ / ✿

Die langen, spitzen und weiß gesprenkelten Blätter dieses Lungenkrauts (23-30 cm groß) sind immergrün (sie fallen nur in extremen Kälteperioden ab), und ihre eleganten, trichterförmigen weißen Blüten ragen im Frühjahr einige Wochen aufrecht aus dem Blattwerk heraus. *P. longifolia* besitzt längere und schmalere, ebenfalls weiß gesprenkelte Blätter und trägt im Frühling leuchtend blaue Blüten.

Nieswurz - *Helleborus*

◑ / ● ▲ ⚘

Der immergrüne *H. foetidus* (50 cm groß) ist eine zuverlässige Pflanze für den Schatten und für ungünstig gelegene Ecken, die sich selbst stark vermehrt. In eine dunkle Ecke gepflanzte Gruppen strecken ihre dunkelgrünen, farnartigen Blätter aus und bringen vom Ende des Winters bis zum Ende des Frühjahrs blaßgrüne, wippende Blüten hervor. *H. lividus* (60 cm groß), ebenfalls eine immergrüne Pflanze mit dicken, stachligen Blättern und gelbgrünen Blüten im Frühling, bildet einen hübschen Busch, dessen architektonische Form einen guten Hintergrund für kleine Narzissen darstellt.

Wolfsmilch - *Euphorbia*
☀   ▲ / △   ✿

Die leicht frostempfindliche *E. mellifera* (bis zu 1,2 m groß) zählt aufgrund ihrer apfelgrünen, leuchtenden Blätter, die sie das ganze Jahr über trägt und zu denen sich im Frühsommer nach Honig duftende Blüten gesellen, zu meinen absoluten Lieblingen. *E. myrsinites* eignet sich als rankende Randbepflanzung, die eine gute Drainage benötigt; sie kommt im vorderen Teil eines erhöhten Beets oder in einem Trog mit alpinen Pflanzen besonders gut zur Geltung.

Gräser und Bambus

Die auffällige Form, das Blattwerk und der Wuchs dieser Pflanzen bilden einen reizvollen Kontrast zu den meisten Gartenpflanzen. Die Höhe und Ausbreitung von Bambus und Gräsern hängt von dem Platz ab, den Sie ihnen zur Verfügung stellen; viele dieser Pflanzen wachsen im Schatten höher, man kann sie aber leicht unter Kontrolle halten, wenn man sie in Pflanzengefäßen zieht. Sowohl Gräser als auch Bambus eignen sich hervorragend für Dachgärten und vertragen die dort herrschenden Wind- und Wetterverhältnisse besonders gut.

Buschbambus - *Pleioblastus variegatus*
Mittelgroß   ☀ / ◐   ▲   ⚘ / ✿ / ❦ / ❄

Die schmalen Blätter dieses sich langsam ausbreitenden Zwergbambus tragen ihre klaren weißen Streifen das ganze Jahr über. Er verzweigt sich im Gegensatz zu anderen Mitgliedern seiner Familie bereits tief unten am Grund und wirkt steifer und weniger anmutig als die stärker wuchernden Arten. Allerdings eignet er sich gut für einen winzigen Garten und wird oft verwendet, um einen exotischen Eindruck zu erzeugen.

Buschbambus - *Pleioblastus viridistriatus*
Klein   ☀ / ◐ / ●   ▲   ⚘ / ✿

Dieser ansprechende, gelbgestreifte kleine Bambus breitet sich nur vorsichtig aus, ohne seine Nachbarn zu überdecken, und bringt am Ende des Frühlings frische gestreifte Blätter hervor, die sich bis in den Winter halten. Wenn man ihn im Herbst ganz zurückschneidet, wird er wieder gleichmäßig wachsen; schneidet man ihn dagegen nur zu Beginn des Frühjahrs, entwickelt sich ein höherer, etwas unordentlicher Busch. Er gedeiht gut im Schatten, aber erst in der Sonne kommt seine leuchtende Farbe vollständig zur Geltung.

Buschbambus - *Arundinaria murieliae*
Groß   ☀ / ◐   ▲   ⚘ / ✿ / ❦ / ❄

Obwohl dieser anmutige, leicht geneigte Bambus in offenem Gelände bis zu 3 m und mehr erreichen kann, lohnt es sich, ihn hier zu erwähnen, da er sich auf begrenztem Raum gut als Windfang und Sichtschutz bewährt hat. Die hellen, erbsengrünen Blätter bleiben das ganze Jahr über dekorativ, während die anfänglich hellgrünen Rohre im Laufe der Zeit einen etwas nichtssagenden, gelbgrünen Farbton annehmen.

Carex oshimensis 'Evergold'
Klein   ☀ / ◐ / ●   ▲   ⚘ / ✿ / ❦ / ❄

Ein unschätzbares immergrünes Gras, das selbst die hoffnungslosesten Standorte aufhellt, wo sich sein heller, gestreifter Büschel aus gelben »Haaren« nach allen Seiten ausbreitet. Es wächst langsam und präsentiert im Sommer von Zeit zu Zeit kleine Blütenähren. Diese Pflanze eignet sich hervorragend zum Auffüllen einer ungünstig gelegenen Ecke und benötigt nur minimale Pflege.

Hakonechloa macra 'Aureola'
Klein   ☀   ▲   ⚘ / ✿

Dieses sehr auffällige, gold-grün gestreifte Gras verfärbt sich im Alter rotbraun. An einem sonnigen Standort sorgt sein leuchtendes Gelb für Fröhlichkeit. Es wächst langsam und kann vom Frühherbst bis zum Winter Büschel aus rötlich braunen Blütenähren hervorbringen.

Hanfpalme - *Trachycarpus fortunei*
Mittelgroß   ☀ / ◐   ▲   ⚘ / ✿ / ❦ / ❄

Eine herrliche, stachlige Palme, deren große, spitze Wedel über zarte Sträucher streichen und frech aus Gärten hinausragen. Sie wächst viele Jahre genügsam in einem Topf auf einem gut geschützten Dach, wo sie eine Höhe von maximal 60 cm erreicht. Aufgrund ihrer außergewöhnlichen Form und ihrem Stil kann diese Palme, die regelmäßig ein bis zwei neue Wedel hervorbringt und eher klein und breit bleibt, das Kernstück eines eleganten, stilvollen Designs bilden.

Schlangenbart - *Ophiopogon planiscapus* 'Nigrescens'
Klein   ☀ / ◐ / ●   ▲   ⚘ / ✿ / ❦ / ❄

Dieses reizende kleine schwarze Gras ist niedrig und unauffällig und zeigt nur kurze Zeit eher nichtssagende rosafarbene Blüten; es entspricht zwar nicht jedermanns Geschmack, aber einige Gärtner lieben es heiß und innig. Das stets heiter und elegant wirkende Gras breitet sich fast überall aus - in tiefem Schatten, unter Sträuchern, zwischen Bäumen - und zaubert ein Lächeln auf das Gesicht jedes Betrachters.

Wiesenhafer - *Helictotrichon sempervirens*
Mittelgroß   ☀   ▲   ⚘ / ✿ / ❦ / ❄

Dieses elegante mehrjährige Gras bringt silbrig blaue, schmale und steife Halme hervor, zwischen denen im Sommer strohfarbene Blütenähren erscheinen. Es gedeiht sowohl in einem Topf als auch in einem Beet mit guter Drainage.

Beetpflanzen

Diese kurzlebigen, meist frostempfindlichen, farbenfrohen Beigaben zum Grundgerüst eines kleinen Gartens hellen die Szenerie im Frühjahr und Sommer auf. Ihre Auswahl hängt ganz von Ihrem persönlichen Geschmack und dem Zweck ab, den sie erfüllen sollen. Ich beschränke mich hier auf einige wenige Pflanzen, die sich in meinem Garten immer wieder bewährt haben.

Blaues Gänseblümchen - *Brachycome multifida*

☀   △   ✿

Diese kleinen Pflanzen (15-23 cm groß) mit ihren gänseblümchenartigen Blüten besitzen fein geschnittene, hellgrüne Blätter und tragen den ganzen Sommer über eine Vielzahl von winzigen, leuchtend blauen Blüten mit einer gelben Blütenmitte.

Fächerblume - *Scaevola saligna* 'Blue Wonder'

☀ / ◐   △   ✿ / ▨

Sie zählt zu den attraktivsten Pflanzen in einem Sommerbeet (60 cm groß). Die 'Blue Wonder' besitzt dunkelgrüne Blätter und trägt den ganzen Sommer über zahllose prächtige, malvenblaue Blüten, denen Regen und wenig Sonne nichts ausmachen. Ihre herabhängenden Blätter und Blüten bilden ein ständig wachsendes Polster, wobei eine Blütenschicht die nächste zu überragen scheint und sich die Pflanze so zu einer riesigen, farbenfrohen Ampelpflanze entwickelt.

Fleißiges Lieschen - *Impatiens*

◐ / ●   △   ✿

Bei diesen beliebten Pflanzen (30 cm groß) in allen Schattierungen von Rot, Rosa, Malve, unifarben, gestreift oder weiß handelt es sich im Grunde um immergrüne, buschige Stauden, die aber im allgemeinen als einjährige Pflanzen gehalten werden, da sie frostempfindlich sind. Sie wachsen an jedem Standort und blühen vom Sommer bis zum ersten Frost, wenn man sie regelmäßig düngt und gießt.

Fuchsie - *Fuchsia*

☀ / ◐ / ●   △ / ▲   ✿ / ▨

Die Blüte dieser vielfältigen Gattung hält vom frühen Sommer bis in den Herbst hinein an. Fuchsien haben eine besondere Ausstrahlung, die sie gerade für kleine, gut gestaltete Gärten geeignet macht. F. *magellanica* 'Versicolor' besitzt graugrünes Laub mit einem creme-weißen Rand. Solange die Pflanze jung ist, sind die Blätter rosa gefleckt. Die schmalen Blüten sind rot und purpurfarben. Obwohl sie nicht ganz so attraktiv ist wie manch

andere Art, verleiht sie dem Garten mit ihrem Laub und ihrer Wuchsform doch Stil - ihre Blüten bieten zusätzlich im Sommer einen besonderen Reiz. F. 'Madame Cornelissen' ist eine der ältesten Züchtungen. Sie ist robust und blüht lange, das Laub ist rötlich, die halb gefüllten Blüten sind scharlachrot. F. 'Tom Thumb' hat eine kompakte Form und kleine Blüten mit roten Röhren und purpurfarbenen Kelchblättern. F. 'Marinka' hat rote Blüten mit dunkleren Kelchblättern, diese Sorte braucht einen schattigen, geschützten Platz.

Keulenlilie - *Cordyline australis*

☀   △   ⚑ / ✿ / ▨ / ❄

Mit ihrer maximalen Höhe und Breite wäre diese stachlige, elegante Pflanze viel zu gewaltig für einen kleinen Garten, aber als frostempfindliche Beetpflanze oder kurzlebiger Strauch mit einer Höhe von 60 cm - 1,5 m ist sie von unschätzbarem Wert. Die Keulenlilie dient als interessanter Blickfang in Töpfen und Beeten und bildet mit ihren Blättern einen schönen Kontrast zu weicheren, rundblättrigen Pflanzen. Sobald sie zu groß oder kräftig wird - was häufig nach einem Jahr der Fall ist -, sollten Sie sie an einen Freund verschenken und durch eine jungen Pflanze ersetzen. Wenn es der Platz erlaubt, läßt man sie in einem Kübel wachsen und ihre eigentliche Form mit einem stacheligen Stamm entwickeln, so daß sie als hübscher Blickfang mal hierhin, mal dorthin gestellt werden kann. 'Atropurpurea' besitzt dunkel violett-rote Blätter.

Salbei - *Salvia farinacea* 'Victoria'

☀   △   ✿

Diese Beetpflanze (45 cm hoch) bringt dunkle violett-blaue Blütenähren an starken, aufrechten Stielen in der gleichen hinreißenden Farbe hervor. An einem offenen, sonnigen Standort gedeiht sie bis in den Herbst und harmoniert gut mit zitronengelben, weißen, zartrosa- oder malvenfarbenen Blüten.

Schöterich - *Erysimum* 'Bowles' Mauve'

☀   ▲   ⚑ / ✿

Diese mehrjährige Pflanze wird etwa 40 cm groß und bevorzugt nährstoffarme Böden,

die allerdings eine gute Drainage aufweisen müssen. Der Schöterich eignet sich besonders gut für Pflanzgefäße auf einem Dach oder für den vorderen Teil eines erhöhten Beets, so daß man sich an den schönen malvenfarbenen Blüten von den ersten Frühlingstagen bis zum ersten Frost erfreuen kann.

Verbene - *Verbena* 'Silver Anne'

☀   ▲   ✿

Gewöhnlich wächst diese Staude (25 cm groß) in Sommerbeeten und in Töpfen. Sie produziert den ganzen Sommer über zarte, süß duftende, rosafarbene und weiße Blüten und breitet ihre zarten, farnartigen Blätter aus einem Topf oder bahnt sich ihren Weg durch andere Pflanzen, die in der Rabatte vor ihr stehen.

Zwiebelblumen

Solange Sie sie als kurzfristige Investition betrachten, werden Sie an den zahlreichen Zwiebelblumen in Ihrem kleinen Garten viel Freude haben. Tulpen und Lilien beispielsweise kommen in Pflanzgefäßen sogar besser zur Geltung als in einem Beet oder einer Rabatte. In Blumenkästen oder anderen Gefäßen gezogene Zwiebelblumen wie Hyazinthen, Narzissen und Traubenhyazinthen können jederzeit herausgenommen und in einen größeren Garten verpflanzt werden. Dort gönnt man ihnen mit viel Dünger und reichlich Wasser eine Erholungspause, um sich im nächsten Jahr wieder an ihrer Blüte zu erfreuen. Einige Zwiebelblumen gedeihen auch in Kübeln mehrere Jahre hintereinander, aber darauf sollte man sich nicht verlassen.

Blausternchen - *Scilla siberica*

☀ / ◐   ▲   ⚑

Diese winterharten Pflanzen (10-15 cm) ähneln kleinen Glockenblumen und tragen mehrere Stiele mit leuchtend blauen, glockenförmigen Blüten, die einige Wochen blühen. Die riemenartigen Blätter erscheinen noch vor den Blüten.

Hyazinthe - *Hyacinthus*

Hyazinthen zählen mit ihrem kräftigen, schweren und süßen Duft zu den größten Freuden des Frühlings. Sie können in Gartencentern oder Blumengeschäften bereits blühend gekauft werden und halten sich im allgemeinen länger als erwartet - wenn man sie in ein kleines Beet oder eine sonnige Ecke pflanzt, kommen sie etwa zwei bis drei Jahre lang wieder. Die Farben reichen von Weiß über Creme, Gelb, Blau, Mauve bis Rosa, so daß sie in Beeten mit Frühlingsfarben aller Schattierungen gemischt werden können. Hyazinthen benötigen einen Boden mit guter Drainage.

Krokus - *Crocus*

Die kleinen Knollen der im Frühling blühenden, meist duftenden, zarten Pflanzen finden selbst im kleinsten Garten ein kleines Fleckchen. *C. chrysanthus* 'Snow Bunting' ist wohlriechend und zeigt weiße, in der Mitte senfgelbe Blüten; 'Cream Beauty', ebenfalls süß duftend, besitzt cremefarbene, innen gelbe und am Ansatz braun-violette Blüten. 'E.A. Bowles' blüht früh, ist tief gelb und duftet zart; *C. vernus* 'Pickwick' zeigt ein zartes, blasses Lila mit dunkleren Streifen.

Lilie - *Lilium*

Kaum jemand kann sich der hinreißenden Schönheit dieser attraktiven Zwiebelgewächse verschließen, die neben ihren vielen anderen Vorzügen durch einen wunderbaren Duft bestechen. *L. regale* (50-120 cm groß) läßt sich am einfachsten anpflanzen; ihre weißen trichterförmigen Blüten sind an der Außenseite rot überhaucht. Pflanzen Sie Lilien zu dritt in Töpfe von mindestens 30 cm Durchmesser (oder zu fünft, wenn Sie einen größeren Topf bekommen können), die Sie mit gutem Kompost oder einer Mischung aus organischem Material und Gartenerde füllen (Tonscherben auf den Böden der Töpfe nicht vergessen!). Als Pflanztiefe empfiehlt

sich mindestens die doppelte Größe der Knollen; die Oberfläche sollte nach Möglichkeit mit Laubkompost bedeckt werden. Die asiatischen Hybriden bilden eine Gruppe, zu der viele Zwerglilien gehören. 'Apollo' (1,2 m groß) besitzt zarte, cremeweiße, außen rosafarbene Blüten; 'Côte d'Azur' (1,2 m) zeigt ein schönes, zartes Rosa; 'Red Carpet' (30-45 cm) ist klein und trägt tiefrote, leuchtende Blüten.

Zu den orientalischen Hybriden gehören einige besonders köstlich duftende Lilien. 'Le Rêve' (70 cm groß) besitzt einen kräftigen Stiel mit zarten, blau-rosa Blüten; 'Star Gazer' (30-90 cm) trägt breite, karmesinrote Blütenblätter mit kastanienbraunen Flecken und einem weißen Rand.

Narzisse - *Narzissus*

Kein Frühlingsgarten wäre komplett ohne diese schönen, im Wind wogenden Trichter der Narzissen. Für den kleinen Garten eignen sich die Zwergnarzissen *Narcissus cyclamineus*, *N. triandrus* und *N. tazetta* am besten, von denen viele mehrere Blütenköpfe aufweisen und sehr langlebig sind. 'Tête-à-Tête' (15-30 cm groß) ist fast überall erhältlich. 'Minnow' (17 cm) zeigt ein zartes, blasses Gelb; 'Jumblie' wirkt schön und bezaubernd (20 cm), und 'Jenny' (30 cm) ist etwas größer und cremeweiß. 'Trena' und 'Tracey' (20 cm) sind hinreißende Sorten in Weiß mit klarem Zitronengelb bzw. Weiß mit Creme, die gut im Schatten gedeihen. 'February Gold' und 'February Silver' (32 cm) blühen einen Monat später, als ihr Name vermuten läßt, allerdings über mehrere Jahre jeden Frühling wieder.

Traubenhyazinthe - *Muscari*

Den riemenartigen, grünen Blättern folgen zu Beginn des Frühjahrs hübsche, aufrechte Stiele mit kräftigen blauen (oder weißen) Blüten (15-20 cm groß). Die meisten Traubenhyazinthen gedeihen zwei bis drei Jahre lang in Pflanzgefäßen oder Blumenkästen.

Tulpe - *Tulipa*

Selbst Rosen kennen kein so großes Farbspektrum wie diese Blumen. Für Blumentöpfe und andere Pflanzgefäße eignen sich die *Kaufmanniana*- und die *Greigii*-Arten am besten, denn sie werden maximal 30 cm groß und besitzen gestreifte und gesprenkelte Blätter. 'Red Riding Hood' (20 cm) präsentiert ihre tiefroten Blüten über schön gezeichneten Blättern und hält sich sehr lange. 'Imperial Splendour' (20 cm) hat klare, blaßgelbe Blüten und schöne Blätter; 'Oratorio' (20 cm) zeigt einen rosafarbenen Aprikot-Ton. *T. praestans* 'Fusilier' ist eine elegante Tulpe, die an jedem Stiel mehrere kleine, leuchtend scharlachrote, gepunktete Blüten trägt, welche nur 15 cm über die frischen blaßgrünen Blätter hinausragen. Daher ist sie für kleine Gärten sowie Blumenkästen und -töpfe besonders geeignet, die ihr außerdem die benötigte gute Drainage bieten.

Die höheren Varietäten kommen in größeren Töpfen oder dekorativen Pflanzgefäßen besser zur Geltung. 'Apricot Beauty' (40 cm) zeigt eine Mischung aus Rosa und Aprikot und sieht in alten Terracotta-Töpfen phantastisch aus; 'Queen of the Night' (63 cm) ist fast schwarz, glänzend und sehr ungewöhnlich; 'Shirley' (36 cm) öffnet sich zu einer elfenbeinweißen, zart mauvefarben umrandeten Blüte; 'Douglas Bader' (40 cm) ist vom blassesten Blaurosa mit einem tieferen Farbton in der Mitte der Blütenblätter; 'White Triumphator' (65-70 cm) wird sehr groß und kräftig und trägt ihre eleganten Blüten hoch über den Blättern; 'Ballerina' (50-55 cm), eine Tulpe mit orangefarbenen Blüten, zeichnet sich durch einen köstlichen Duft aus - eine Seltenheit bei diesen Pflanzen.

Register

Kursive Seitenzahlen verweisen
auf die Abbildungen,
fette Ziffern auf Pflanzen im
Pflanzenregister.

Acer
  A. negundo 22, 71, 85, **86**
  A. palmatum 15, *35*
Actinidia 32
  A. kolomikta 85
Agave 32
Ahorn, Japanischer 50
Ailanthus 32
Akebia quinata 10, 12, 50
Alchemilla mollis 27, 32, 72
Amelanchier lamarckii **86**
Ampelopsis 32
  A. glandulosa 33
Anemone 10
  A. x hybrida 57
Anzucht 85
Aralia 32
  A. elata 60
Arbutus unedo 71, 85
Arctotis 48
Argyranthemum 28, 71
  A. frutescens 80
Artemisia 69
  A. arborescens 87
Arundinaria 10
  A. murieliae 91
Asplenium
  A. scolopendrium 53
  A. trichomanes 53
Athyrium
  A. filix-femina 53
  A. niponicum pictum 53
Aucuba 13, 50, 55
  A. japonica 10, 57, 63
Azalea kiusianum 35

Bärenohr 19, 48
Bäume 86 f.
Balkon 65, 78 f.
Bambus 10, 32, 61, 78, **91**
Beetpflanzen 91 f.
Begonia 51, 55

Beleuchtung 12
Berberis 43
Bergenia 10, 43 f., *45*, 51
Berufkraut 41
Beschneiden 85
Betula pendula 39, 67, **86**
Bewässerung 78, 83
Birke 39, 67, 86
Blattläuse 13, 84
Bleiwurz 87
Bonsai-Bäumchen *30, 34, 35*
Brachycome multifida **92**
Buchsbaum 10, 19, 25, *33,*
  43, **87**
Buddleja alternifolia 87
Buschbambus **91**
Buxus 19, 25, *33*
  B. sempervirens 10, 43, **87**

Camellia 10, 25, 61, **87**
  C. japonica 63, 72
  C. x williamsii 63
Campanula 41
Caragana arborescens 86
Carex
  C. oshimensis 45, 72, 91
  C. pendula 32
Caryopteris x clandonensis 87
Ceanothus 67, 72, **88**
  C. thyrsiflorus repens **88**
Ceratostigma 71
  C. willmottianum **87**
Cercis siliquastrum 60
Chamaecyparis lawsoniae
  24, 85
  C. pisifera 35
Choenomeles 10
Choisya
  C. arizonica 42
  C. ternata 43, 48, 72, 85
Cimicifuga 10
Citrus x sinensis 80
Clematis 37, 41, 59, **90**
  C. alpina 33
  C. armandii 50, 56
  C. macropetala 33
  C. montana 56, 59
  C. odorata 59
  C. viticella 22, 33, 47
Clianthus puniceus **89**

Cobaea scandens 33, 53
Convallaria majalis 59
Convolvulus cneorum **88**
Cordyline australis 79, **92**
Coronilla glauca 14 f.
Cosmos atrosanguineus 71
Cotoneaster **88**
  C. horizontalis 43
Crocus **93**
Cupressus glabra 80
Cyclamen coum album *45*
Cyperus papyrus 32

Dachgärten 75 ff.
Daphne
  D. laureola 10
  D. odora 48, 71, 85
  D. pontica 59
Diascia 71
Dicentra 10
Dracaena cincta *24 f.*
Düngen 82 f.
Durchgänge 47 ff., 50 ff.

Efeu 13, 49, 56, 60, **89**
Eingänge 37 ff.
Elaeagnus 10, 19
  E. x ebbingei 78
Elfenblume 43
Epimedium 10, 43
Erigeron 41
  E. karvinskianus 45
Erysimum 45, **92**
Eucalyptus 55
  E. gunnii 71, 85
Euonymus 32, 43
  E. fortunei 10, 57, 63, 72, **88**
Euphorbia 32, **91**
  E. polychroma 35

Farne 10, 12, 50, 55, 58
x Fatshedera lizei 63
Fatsia japonica 10, 13, *35,*
  50, 55
Felicia 71
  F. amelloides 59, 80
Felsenbirne 86
Festuca glauca 22, 45, 72

Feuerdorn 10, 31
Findlinge 28 ff., 34
Fremontodendron 72
  F. californium **89**
Fuchsia 41, 53, 63, **92**
Fuchsien 29, 41
Funkie 10, 27, **78**

Gartenwicke 19, 33, 40
Gaultheria 10
Gazanie 19
Geißblatt 49, *59,* 60, 85
Gleditsia triacanthos 60
Glockenblumen 48
Goldhopfen 47
Gräser **91**
Gunnera manicata 20

Hängebirke 67, **86**
Hakonechloa macra 19, **91**
Hebe 32, 41, 79, **88**
  H. albicans 69
  H. pinguifolia 45
  H. rakaiensis 25, 28
Hedera 13
  H. helix helix 22, 25, 31, 63,
  72, **89**
Helianthemum 48
Helichrysum petiolare 45
Helictotrichon sempervirens
  32, **91**
Heliotropium 45, 80
Helleborus 10, 32, **90**
  H. foetidus 57
Heuchera **90**
  H. micrantha 45
Heucherella tiarelloides **90**
Hinterhöfe 65 ff.
Hippophae rhamnoides 76
Hortensien 13, 42, 51, 56, 78
Hosta 10, 27
  H. fortunei 35
  H. sieboldiana 15
Humulus lupulus 47
Hyacinthus **93**
Hydrangea 13
  H. macrophylla 42
  H. petiolaris 10, 42, 49,
  50, 56

Ilex 10, 12 f., 19
  I. aquifolium 78
Immergrün 10, 43, 57
Impatiens 63, **92**
Insektizide 84
Ipomoea indica 33
Iris foetidissima 10

Japanische Gärten 34 f., 68, 79
Jasminum
  J. nudiflorum 10
  J. polyanthum **89**
Judasbaum 60
Juncus inflexus 32
Jungfernrebe 10, 50
Juniperus communis 24

Kamelie 10, 50, **87**
Kapaster 19, 59
Katzenminze 48
Kerria japonica 10
Keulenlilie **92**
Klebsame **85 f.**
Kletterpflanzen 10, 33, 50, 56, 71, 89 f.
Kosmee 71
Krankheiten 84 f.

Lagarosiphon major 14
Lamium 10
Lathyrus
  L. latifolius 48
  L. odoratus 33, 40
Laurus nobilis 22, 50
Lavandula angustifolia 45
Lavendel 49, 70
Leucothoë fontanesiana 56
Lieschen, Fleißiges 50, 58, 61, 65, **92**
Ligustrum 50
  L. japonicum 19
  L. lucidum 63, **87**
Lilium 45, **93**
  L. regale 80, **93**
Lilie 40 f.
Liriope 9
  L. muscari 35, 51, **90**
  L. muscari variegata 35

Lonicera 41
  L. x brownii 10
  L. fragrantissima 48
  L. japonica 56
  L. nitida 10, 12, 71 f.
  L. tellmanniana 10
  L. tragophylla 10
Lorbeerbaum 22, 50
Lungenkraut 90
Lysimachia 57
  L. nummularia 45

Mahonia 10
  M. aquifolium 56, 59
  M. japonica 59, 85
Mahonie 42
Maiglöckchen 59
Melianthus major 71, 80
Mesembryanthemum 48
Miscanthus sacchariflorus 15
Muscari **93**
Myriophyllum 14

Nachtschatten 20
Nandina domestica 63, 66
Narcissus 41, 45, **93**
Nepeta 48
Nicotiana sylvestris 59
Nieswurz 10, 32, **90**

Ophiopogon planiscapus 45, **91**
Osmanthus 56, 85

Pachysandra terminalis 61
Parthenocissus
  P. henryana 10
  P. quinquefolia 10, 50
Paulownia tomentosa 60
Pelargonien 56, 84
Pelargonium 41, 77, 80
Pfennigkraut 55, 57
Pflege 82 ff.
Phalaris arundinacea 19
Phormium 32
  P. hookeri 72
  P. tenax 27
Phyllostachys 10

Pileostegia viburnoides 10
Pinus
  P. densiflora 35
  P. mugo 35
  P. nigra 76
Pittosporum 43, 47, 85, **86**
  P. tobira 48, 80
Pleioblastus
  P. variegatus **91**
  P. viridistriatus 35, **91**
Polypodium vulgare 53
Polystichum setiferum 53
Prunkwinde 33
Prunus 6, 67
  P. laurocerasus 10, 56
  P. lusitanica 10, 50
  P. subhirtella 42
Pulmonaria 10, **90**
  P. longifolia 90
  P. officinalis 90
Purpurglöckchen **90**
Pyracantha 10
Pyrus salicifolia 67

Rhamnus alaternus 42, 71 f., 85
Robinia pseudoacacia 67
Rohrglanzgras 19
Rosa 38, 45, 80, **88 ff.**
  R. banksia 38
Rosen 71, 88
Rosmarin 42, 51
Rosmarinus officinalis 51
Ruhmesblume **89**
Ruta graveolens 72

Säckelblume 49
Salix 67
Salvia farinacea 71, 92
Sanddorn 76
Sarcococca 10, 50, 60
  S. humilis 48, 85
Scaevola saligna 58, 80, 92
Schädlinge 84 f.
Schatten 10, 43, 50
Schizophragma hydrangeoides 10, **90**
Schlüsselblume 35, 61
Schöterich **92**

Schwarze Susanne 33
Scilla siberica **92**
Seiteneingänge 52 f.
Sempervivum 32
  S. arachnoideum 25
  S. tectorum 25
Silberkerze 10
Sisyrinchium 41
  S. striatum 45
  S. striatum variegatum 35
Skimmia 10, 45, 50
  S. japonica 63
Skulpturen 27, 28
Solanum
  S. crispum 22, 85
  S. jasminoides 80, 85, **89**
Spaliergitter 12, 32 f., 47, 52, 66, 75
Spalthortensie 90
Spindelstrauch 88
Stachys byzantina 45, 69
Stauden 90f.
Statuen 19, 23, 32
Stechpalme 10, 12 f., 19
Stein 28 f., 30, 69
Steinbrech 41
Stiefmütterchen 41, 49
Sträucher 87 ff.
Strauchveronika 32, 41, 69, 72, 80
Souterraingärten 55 ff., 58 ff., 61 ff.
Stufen 11, 17 f., 24, 60 f.

Tabak 59
Taubnessel 10
Taxus 10
Teiche 14, 50, 55, 70
Tellima 10
  T. grandiflora 39
Teucrium chamaedrys 45
Thuja plicata 76
Thunbergia alata 33
Thymus x citriodorus 45
Tolmiea menziesii 48
Trachelospermum jasminoides 72, 80, **89**
Trachycarpus fortunei 91
Traubenhyazinthe 35, 41, **93**

Trompe l'œil 9, 18, 22, 23, 24 f., 49
Türen 17 f., 80
Tulipa **93**

Urnen 28, 79

Valeriana 51
Veilchen 41, 55
Verbena 80, **92**
Verbene 48, **92**
Vermehrung 85
Viburnum
  V. acerifolium 10
  V. davidii 10
  V. tinus 72
Vinca 10, 43
  V. minor 57
Viola 41
  V. cornuta 80

Vitis 32
  V. coignetiae 10
Vorgärten 37 ff.

Waldrebe 37, 41, 49, 59, 85
Wandbrunnen 23
Wasser 20, 32
Wassergärten 14 f., 70
Weide 67
Wiesenhafer **91**
Wind 75
Weinrebe 10, 32

Yucca 32

Zierkirsche 6
Zinnie 19
Zwergnarzisse 35
Zwiebelblumen **92** ff.

Anmerkungen zur deutschen Ausgabe

Damit der Charakter des Buches gewahrt bleibt und die Ideen der Autorin nicht verfälscht werden, wurden die Pflanzen-Arten des englischen Originaltextes übernommen. Auch wenn einige der genannten Pflanzen bei uns nicht winterhart sind und einen Frostschutz brauchen oder im Haus überwintert werden müssen, wurden sie nicht ausgetauscht. Zu den bei uns nicht oder nur bedingt winterharten Pflanzen gehören z.B. Arten der Gattungen *Aralia, Arbutus, Athyrium, Camellia, Choisya, Citrus, Cordyline, Diascia, Fuchsia, Felicia, Hakonechloa, Phormium, Pileostegia, Pittosporum, Scaevola und Sisyrinchium.* Sie müssen entweder als Kübelpflanzen verwendet werden oder ausgegraben und gerade frostfrei überwintert werden. Im Weinbauklima oder in Meeresnähe können einige Arten auch mit einer schützenden Laub- oder Mulchdecke den Winter überstehen. Im Pflanzenverzeichnis sind bei uns nicht oder nur bedingt winterharte Arten mit ▲ oder △ gekennzeichnet.

Danksagung

Der Verlag dankt den folgenden Fotografen und Organisationen für die freundliche Genehmigung zur Abbildung der Fotografien in diesem Buch:

1 Marianne Majerus (Designer: Stephen Woodhams); 2-3 Jerry Harpur (Designer: Andrew Weaving); 4-5 Clive Nichols (Designer: Sheila Jackson); 6 Liz Eddison; 7 Marianne Majerus (Besitzer: Mr. & Mrs. Brian-Barclay)/Conran Octopus; 8 Clive Nichols (Designer: Anne Dexter); 9 John Glover/The Garden Picture Library; 10 Michelle Garrett/Insight London; 11 Marianne Majerus (Designer: Thomasina Beck); 12 Karl Dietrich-Bühler/Elizabeth Whiting & Associates; 13 Jerry Harpur (Designer: Malcolm Hillier); 16 Jerry Harpur (Designer: Jill Billington); 17 Schöner Wohnen/Camera Press; Jerry Harpur (Designer: Robert Watson); 19 Noel Kavanagh (Besitzer: Camilla Shivarg)/Conran Octopus; 20-21 Christopher Simon-Sykes/Camera Press; 20 oben links Brigitte Thomas; 22 Andrew Lawson (Maler: Shan Egerton); 23 oben Marianne Majerus/The Garden Picture Library; 23 unten Noel Kavanagh (Designer: Camilla Shivarg)/Conran Octopus; 26 Michele Lamontagne (Designer: Erwan Tymen); 27 Marianne Majerus (Designer: Thomasina Tarling)/Conran Octopus; 28 Noel Kavanagh (Designer: Angela Kirby)/Conran Octopus; 29 Vincent Motte (Besitzer: Robert Reyre); 30 links Jerry Harpur (Designer: Mel Light); 30-31 Vincent Motte (Besitzer: Bruno Carles); 31 rechts John Glover (Designer: Dan Pearson); 32 Steven Wooster/ The Garden Picture Library (Designer: Duane Paul Design Team); 33 Clive Nichols (Designer: Anthony Noel); 36 Stephen Robson (Besitzer: Michael Hunter)/Conran Octopus; 37 Stephen Robson (Besitzer: Michael Hunter)/Conran Octopus; 38 oben Clive Nichols (8 Malvern Terrace, London); 38 unten Marianne Majerus (Designer: Thomasina Tarling)/Conran Octopus; 39 Linda Burgess/The Garden Picture Library; 40 Neil Holmes/The Garden Picture Library; 40-41 Annette Schreiner; 42 Clive Nichols (Designer: Jean Bishop); 43 Marianne Majerus; 46 Marianne Majerus (Designer: Thomasina Tarling) /Conran Octopus; 47 Jerry Harpur (Designer: Simon Fraser und Sara Robinson); 49 Brigitte Thomas (Designer: Mr. Delgado); 50 Ron Sutherland/The Garden Picture Library; 51 Jerry Harpur (Designer: John Patrick); 54 Annette Schreiner (Designer: François Bonnin); 55 Annette Schreiner (Designer: François Bonnin); 56 Annette Schreiner; 57 Steven Wooster/The Garden Picture Library (Designer: Annie Wilkes); 58 Sunniva Harte (Designer: Nigel L. Philips); 59 Marianne Majerus; 60 *Abitare*/Christine Tiberghien; 60-61 Tommy Candler; 64 Marianne Majerus (Designer: Thomasina Tarling)/Conran Octopus; 65 Marianne Majerus (Designer: Thomasina Tarling)/Conran Octopus; 66 oben Jerry Harpur (Designer: Simon Fraser und Sara Robinson); 66 unten Jerry Harpur (Designer: Greg Abramowitz); 67 Jerry Harpur (Designer: Lisette Pleasance); 68 Jerry Harpur (March Peter Keane); 69 Jerry Harpur (Designer: Robert Watson); 70 Jerry Harpur (Designer: Lisette Pleasance); 71 Neil Holmes (Designer: Colin Campbell); 74 Marianne Haas/Scoop; 75 Schöner Wohnen/Camera Press; 76 Jerry Harpur (Designer: Keith Corlett); 77 Simon Kenny/*Belle Magazine*; 78 Paul Ryan (Besitzer: Ian Hay)/Conran Octopus; 79 Béatrice Pichon (Designer: Patrick Muguet); 83 Marianne Majerus (Designer: Stephen Woodhams); 84 Linda Burgess/The Garden Picture Library; 85 Stephen Hamilton